AMOR EN VERDAD

SEAN McDOWELL

Lifeway Recursos®
Nashville, Tennessee

ISBN 978-1-0877-6976-9 • Ítem 005838522

Clasificación decimal dewey: 241.66

Temas y categorías: CRISTIANISMO/ÉTICA CRISTIANA (TEOLOGÍA MORAL)/TEMAS ESPECÍFICOS DE MORALIDAD/ÉTICA

Impreso en los Estados Unidos de América

Lifeway Recursos • Lifeway Church Resources
One Lifeway Plaza • Nashville, TN 37234-0152

CONTENIDO

SOBRE EL AUTOR

DR. SEAN MCDOWELL es un talentoso comunicador que sabe llegar a las audiencias por medio del humor y las historias. Imparte evidencia sólida y lógica sustendando la cosmovisión cristiana. Le apasiona equipar a la iglesia, a los jóvenes en particular— para defender la fe cristiana. Sean McDowell es profesor asociado del programa de apologética cristiana en la facultad de teología Talbot en Biola University.

Sean tambien es maestro de nivel medio, lo cual le permite palpar la realidad de la cultura actual y así compartir sus observaciones con otros educadores, pastores, y padres de familia. En el 2008 recibió el premio a educador del año de San Juan Capistrano, Califonia, y la Sociedad de escuelas cristianas lo premiaron con un título ejemplar por su programa de entrenamiento apologético. Sean destaca por ser uno de los 100 apologetas más reconocidos del mundo. Se graduó *suma cum laude* del Talbot Theological Seminary con maestrías en Teología y Filosofía. Obtuvo su Ph. D. en apologética y cosmovisión del Southern Baptist Theological Seminary en el 2014.

Sean viaja a través de los Estados Unidos y al extranjero dando conferencias en campamentos, iglesias, escuelas y universidades. Él ha sido conferencista para organizaciones como Focus on the Family, Chuck Colson Center for Christian Worldview, Cru, Youth Specialties, Hume Lake Christian Camps, Fellowship of Christian Athletes, y Association of Christian Schools International. Sean es uno de los presentadores del podcast *Think Biblically* [Piensa bíblicamente], el cual es uno de los podcasts más populares sobre la fe y el diálogo cultural.

Sean es autor, coautor y editor de más de 20 libros incluyendo *The Fate of the Apostles*, *So The Next Generation Will Know* (con J. Warner Wallace), *Evidencia que exige un veredicto* (con Josh McDowell), *Same-Sex Marriage: A Thoughtful Approach to God's Design for Marriage* (con John Stonestreet), *Is God Just a Human Invention?* (con Jonathan Morrow), y *Understanding Intelligent Design* (con William A. Dembski). Sean es el editor en jefe de varios títulos: *A New Kind of Apologist*, *Apologetics for a New Generation*, *Sharing the Good News with Mormons*, y *The Apologetics Study Bible for Students*. Sean tiene uno de los blogs más influyentes en el tema de la apologética, el cual se puede leer en seanmcdowell.org.

En abril del año 2000, Sean se casó con su novia de la secundaria, Stephanie. Tienen tres hijos y viven en San Juan Capistrano, California.

CÓMO USAR EL ESTUDIO

Este estudio bíblico incluye nueve semanas de contenido. Cada semana tiene una página de introducción que contiene ayudas para iniciar la conversación y notas para seguir la enseñanza del video, así como contenido diseñado para el estudio grupal y personal.

SESIONES EN GRUPO

Cada semana de contenido comienza con una sesión en grupo. Esta sección utiliza el siguiente formato para facilitar una interacción simple pero significativa entre los miembros del grupo, con la Palabra de Dios y con la enseñanza del video.

COMIENZA

Esta sección incluye preguntas y pautas que inician la conversación e introducen el segmento del video.

MIRA

Esta sección incluye puntos claves de la enseñanza del video con espacios para que los estudiantes los llenen a medida que miran el video. Al final de cada video de la sesión, un ícono de hacer pausa aparecerá en pantalla. Presiona pausa en el video para permitir que haya tiempo para la conversación en grupo, luego reproduce el video restante mientras terminan su tiempo juntos.

ANALIZA

Estas cuatro páginas incluyen preguntas y declaraciones que guían a los estudiantes a responder a la enseñanza del video y a los pasajes bíblicos relevantes. Ya que este estudio cubre temas difíciles, es importante considerar la edad, el nivel de madurez y las necesidades de tu grupo. Consulta con el liderazgo de tu iglesia y los padres de familia sobre cualquier tipo de preguntas controversiales que se puedan presentar en el tiempo en grupo. Los videos bajo el título «Contenido extra para los líderes: Preguntas difíciles», están para ayudar a los líderes a responder preguntas difíciles que los estudiantes pueden hacer durante este estudio. Estas no están diseñadas para mostrárselas a los estudiantes como material educativo.

ESTUDIO PERSONAL

Se proveerán tres días de estudio a la semana para incitar a los estudiantes a profundizar en la Biblia y reforzar las verdades bíblicas introducidas en el tiempo de enseñanza. Estas páginas desafían a los estudiantes a crecer en su comprensión de la Palabra de Dios y pensar en maneras prácticas de aplicarla a sus vidas.

INTRODUCCIÓN

Este puede ser uno de los estudios bíblicos más importantes que harás en esta etapa de tu vida.

Estoy consciente de que esto quizás suena super dramático. ¿Acaso no lo dicen todos? Bueno, sí, muchos sí que lo dicen. Y es posible que esté exagerando. Pero como padre, viene de mi corazón.

También puedo hablar de mi propia experiencia. Luego de unas décadas de estar casado con mi novia de la secundaria, yo sigo beneficiándome de los beneficios que aprendí en estudios similares que hice cuando era estudiante. A medida que pasan los años, siento más agradecimiento por las personas que me ayudaron a pensar bíblicamente sobre el amor, el sexo y las relaciones amorosas. Espero que tengas la misma experiencia con este estudio. Si dejas que este material llegue a tu corazón, yo creo firmememente que puede marcar un antes y un después en tu vida.

Entonces, ¿cómo puedes aprovechar este tiempo al máximo? Aquí te doy tres pautas.

LA ESCRITURA: TU GUÍA PRINCIPAL

Verás, este estudio está profundamente arraigado en la Escritura. La meta es entender lo que la Biblia dice sobre la sexualidad y aplicarlo a nuestras vidas. Queremos ser como los bereanos, quienes cada día examinaban la Palabra de Dios para corroborar lo que Pablo decía (Hech. 17:11). En vez conformar la Escritura a tus sentimientos, pensamientos y deseos, te motivo a comprometerte a hacer lo opuesto: conformar tu vida a lo que la Palabra de Dios dice.

ABRE TU MENTE

Indudablemente, algo en este estudio desafiará tu manera de pensar, incluso hasta te puede llegar a incomodar. Debido a la naturaleza controversial de muchos temas hoy,especialmente en las áreas del sexo, el amor y las relaciones amorosas— es posible que sientas la tentación de rechazar inmediatamente algunas de estas ideas. ¡No caigas en esa trampa! Busca entender primero y disponte a cambiar tu mente.

COMPARTE TUS PENSAMIENTOS CON OTROS

Una de las mejores maneras de aprender algo es compartirlo con otras personas. La discusión en este estudio será útil, pero si de veras quieres que se haga parte de ti, háblalo con otros. Háblalo con tus padres. Publica lo que aprendes en las redes sociales. Convérsalo con tus amigos. Sé amable y gentil, ¡pero comparte lo que aprendes con el mundo!

¡Esto será divertido, y me honra el ir a esta aventura contigo! Que Dios te fortalezca y te guíe a medida que exploras este estudio.

Sean

CONFÍA EN DIOS

COMIENZA

¿Qué objetivos tienes en la vida? ¿Buenas calificaciones? ¿Éxito en los deportes? ¿Un empleo con alto salario? ¿El novio o la novia correcta?

Quizás te importan algunas —o incluso todas— estas cosas, pero ¿crees que ellas representan la profundidad de lo que realmente buscas? Si bien estas metas son buenas, mi sospecha es que tú quieres hacer de tu vida algo mayor. Tú quieres que tu vida importe.

En esta sesión aprenderemos lo que se requiere para tener una vida que tiene sentido. Descubriremos la esencia de lo que el amor es verdaderamente, y cómo nos impulsa a buscar las cosas que más importan.

MIRA

Mira el video de la Sesión 1. Llena los espacios. Cuando el ícono aparezca en pantalla, pausa el video. Reproduce el video restante al final de la discusión en grupo.

1. Tú tienes un ____________ __________ que te ama y quiere lo mejor para ti.
2. Satanás no te está tratando de convencer de que Dios no _______.
3. Ellos de hecho no cuestionan la ______________ de Dios; ellos cuestionan la ___________ de Dios.
4. Las cosas difíciles son __________________.
5. Dios es _______, y Él realmente quiere lo _______ para nosotros.

ANALIZA

Lee Mateo 6:31-33.

Así que no se preocupen diciendo: "¿Qué comeremos?" o "¿Qué beberemos?" o "¿Con qué nos vestiremos?" Los paganos andan tras todas estas cosas, pero el Padre celestial sabe que ustedes las necesitan. Más bien, busquen primeramente el reino de Dios y su justicia, y todas estas cosas les serán añadidas.

¿Qué es lo que más te trae ansiedad en tu vida ahora mismo?

Escribe la promesa que Jesús nos da cuando buscamos Su reino y Su justicia primero.

Jesús nos invita a recibir un llamamiento más alto: a no vivir por nuestras propias metas y placer sino a buscar las cosas de Dios primero. Este camino es duro y requiere sacrificio, pero es la vida más sublime que podemos vivir. Entonces, ¿cómo comenzamos a buscar el reino de Dios primero?

Lee Marcos 12:28-31.

Uno de los maestros de la ley se acercó y los oyó discutiendo. Al ver lo bien que Jesús les había contestado, le preguntó: —De todos los mandamientos, ¿cuál es el más importante? El más importante es: "Oye, Israel. El Señor nuestro Dios es el único Señor —contestó Jesús—. Ama al Señor tu Dios con todo tu corazón, con toda tu alma, con toda tu mente y con todas tus fuerzas". El segundo es: "Ama a tu prójimo como a ti mismo". No hay otro mandamiento más importante que estos.

Sencillamente, el mandamiento más importante es amar a Dios y amar a las personas. Si queremos buscar el reino de Dios primero, entonces debemos aprender a amar a Dios y a otras personas.

Pero ¿cómo se ve el amar verdaderamente a otras personas?

Lee 1 Juan 3:16.

En esto conocemos lo que es el amor: en que Jesucristo entregó su vida por nosotros. Así también nosotros debemos entregar la vida por nuestros hermanos.

Esto no necesariamente quiere decir que Dios literalmente te pedirá que entregues tu vida. Lo que significa es que el camino del amor involucra el someternos en obediencia a lo que Dios nos ha llamado a hacer. Pero Jesús no solamente es nuestro modelo del amor; Su muerte en la cruz por nuestros pecados nos capacita para amar. Él nos hace una nueva creación —nuevas personas que, por medio del poder del Espíritu Santo, pueden rendir cosas que el mundo dice que necesitamos por la causa de amar bien a Dios y a las personas.

¿Cuáles son algunas maneras prácticas en las que puedes entregar tu vida por los demás?

De todas formas, el choque entre la invitación de Jesús y la invitación del mundo no puede ser más extremo. El mundo te dice que *vivas* para ti mismo. Jesús te dice que *mueras* a ti mismo. El mundo te dice que hagas lo que desees. Jesús dice que cultives los deseos correctos.

¿Cómo cultivas estos «deseos correctos» en tus relaciones? ¿Cómo buscas a Dios y a Su reino en tus relaciones con otras personas? Enfoquémonos en lo que significa amar a Dios y a otros con nuestra sexualidad y en nuestras relaciones en este momento cultural único.

CONFIANZA Y AMOR

Uno de los ingredientes más importantes del amor y las relaciones es la confianza.

¿Quién es la persona en quien más confías?

¿Quién tiene la mayor influencia en la manera en que tú piensas y actúas?

La manera en que respondes a estas preguntas influencia cada decisión que tomas. Esto es especialmente cierto en el área de la sexualidad y las relaciones. Nuestro mundo está lleno de mensajes que no se ainean con la Escritura. Y solemos terminar cuestionándonos: ¿en quién confiaremos?

Dios es un Padre celestial perfecto, y Él es digno de nuestra confianza. Él lo sabe todo, tiene poder ilimitado, y nos ama más de lo que podemos llegar a imaginar.

Lee Romanos 5:8 en tu Biblia.

Todos tenemos momentos en los que dudamos que Dios nos ama. ¿Qué nos dice este versículo sobre esos sentimientos?

Esta es la verdad: Dios nos ama por lo que Él es, no por algo que nosotros hicimos. Jesús no nos requirió arrepentirnos antes de que Él entregara Su vida por nosotros. Él no murió por buenas personas; Él murió por los pecadores. Dios pagó el precio supremo por medio de la muerte de Su Hijo para que pudiéramos tener vida eterna. Entonces, ¿confías en Él? ¿Confías en este Dios?

En el Jardín del Edén, Satanás tentó a Adán y a Eva intentando nublar su confianza en el carácter de Dios. Él los hizo preguntarse: ¿en verdad Dios tenía el mejor interés en ellos, o los estaba privando de algo mejor?

Lee Génesis 3:6 en tu Biblia.

¿Cuáles son tres cosas que Eva notó sobre el fruto?

1.

2.

3.

¿Qué nos dice esto sobre las actividades pecaminosas que nos pueden tentar?

Al final, Adán y Eva perdieron la confianza en la bondad de Dios y comieron del fruto. Ellos dudaron de Su carácter, y su desobediencia trajo sufrimiento inconmesurable al mundo. Hoy nos encontramos con la misma clase elección.

¿Cuáles son algunos de los «frutos» de este mundo que lucen llenos de placer, diversión y satisfacción, pero que terminan siendo dañinos y llenos de pecado?

¿Cómo nuestra cultura justifica estas cosas?

Las voces en nuestra cultura pueden ser poderosas y convincentes, especialmente cuando las escuchamos a toda hora en la redes sociales, la escuela, la televisión, los famosos, y así sucesivamente. Por eso mismo, sentimos la tentación de parar de confiar en Dios y cuestionar: «¿Acaso Dios dijo que... ?».

Satanás tiene como objetivo el nublar nuestra percepción del caracter de Dios porque evaluamos los mandamientos de Dios a la luz de Su carácter. La Escritura nos enseña que Dios es bueno, así que podemos confiar en Sus mandamientos. No solamente Dios es bueno, sino que además Sus mandamientos están hechos para nuestro bien. No son reglas arbitrarias sin lógica. Ellos salen de Su carácter y están diseñados para ayudarnos a tener fruto en nuestras vidas y relaciones.

Enumera algunos comportamientos buenos y malos.

¿Cómo sabes que estas cosas son buenas y malas?

Dios es la fuente de las leyes físicas y morales del universo. El mundo opera de acuerdo a las leyes de la física, las cuales los seres humanos descubren, y las leyes morales, las cuales están escritas en el corazón de la humanidad. En otras palabras, podemos distinguir entre lo bueno y lo malo porque Dios ha colocado estas leyes en nuestros corazones (Rom. 2:14-16).

Existe una realidad física y una realidad espiritual, y solamente podemos ser verdaremente libres cuando alineamos nuestras vidas a ambas realidades. Seguir a Jesús nos acerca a la realidad, y vivir de acuerdo a la ética sexual de Jesús nos permite prosperar.

¿Por qué debes confiar en Dios y Su Palabra en todas las cosas, incluyendo el amor y las relaciones?

El mundo nos dice que sigamos la intuición de nuestros corazones, que pongamos nuestros intereses de primero, que hagamos cualquier cosa que nos haga feliz. Pero muchas de las cosas que buscamos para que nos hagan felices terminan en desilución. Jesús nos promete que si «buscamos primeramente el reino de Dios y su justicia», Dios nos dará la felicidad verdadera y duradera (Mt. 6:33).

DÍA UNO

Buenas reglas

Anota algunas palabras que describan lo que el mundo piensa sobre el cristianismo y todas sus «reglas».

¿Crees que en su mayoría son positivas o negativas? ¿Por qué crees que pasa esto?

¿Cuáles son algunos mandamientos bíblicos que a veces sientes que son difíciles de seguir o entender?

¿Por qué crees que Dios creó estos mandamientos?

Miremos los que la Biblia dice sobre las reglas de Dios.

Lee Deuteronomio 10:12-13 en tu Biblia.

Escribe las tres cosas que se le pidió a Israel para demostrar el temor apropiado (honor y respeto) a Dios:

1.

2.

3.

4.

5.

¿Por qué debemos seguir los mandamientos de Dios?

Los versículos que acabamos de leer dicen que los mandamientos de Dios son para nuestro propio bien. ¿Alguien te ha dicho esto antes? Aunque a veces sea difícil de creer, las reglas sí existen para nuestro propio bien. Piensa en tu deporte favorito. ¿Cómo sería si no tuviera reglas? Si los jugadores solo corrieran sobre el campo o la cancha haciendo lo que quisieran —sin límites, sin faltas. El juego ya no sería un juego— sería un caos. Las reglas de un juego son el deporte en sí; las reglas son lo que diferencian al fútbol del beisbol y del baloncesto.

Ahora tomemos un paso más hacia adelante. Piensa en la sociedad.

¿Cómo sería la sociedad si no tuviera gobierno o leyes?

¿Te sentirías más o menos seguro en una sociedad sin reglas?

Sin las leyes, las personas podrían robar o herir a otras personas sin consecuencias. Las personas literalmente podrían matar y quedar impunes. Si bien las reglas suelen tener un aspecto rígido, ellas existen para protegernos.

Los mismo pasa con las leyes de Dios. Él sabe lo que ayudará a la sociedad y a los individuos a prosperar. Un ejemplo de ello son los Diez Mandamientos (Ex. 20):

- «No mientas»
- «No robes»
- «No mates»

Imagina cómo sería la sociedad si todos cumpliéramos estas tres reglas.

Entonces, ¿acaso no es posible que Dios sepa qué es lo mejor para nosotros al diseñar los mandamientos que nos ha dado, especialmente en cuanto al amor y el sexo?

¿Crees que esta lección ha cambiado tu manera de ver los mandamientos de Dios? ¿Por qué sí o por qué no?

¿Qué pasos darás para expresarle a Dios que confías en que Él sabe bien lo que nos pide?

DÍA DOS

El mensaje real

Anota algunas ideas o frases del amor y el sexo que abundan en nuestra sociedad de hoy.

La sociedad está llena de mensajes del amor y el sexo que se oponen a lo que el cristianismo enseña. *¿De verdad el sexo es para tanto? ¿De verdad la pornografía hiere a alguien? Siempre y cuando el sexo sea consensual, no tiene nada de malo, ¿cierto? ¿De veras vas a juzgar a alguien por a quién ama? ¿Por qué esposar una perspectiva del sexo, el amor, y el género que parece tan cerrada de mente? ¿No te parece que la ética sexual cristiana carece de sentido hoy en día?*

Sé honesto. ¿Estás de acuerdo con alguna de estas ideas? ¿Por qué?

¿Qué tienen en común estas preguntas?

Estos mensajes contienen muchos de los valores que la sociedad de hoy quiere inculcar: tolerancia, igualdad, diversidad e inclusión. Generalmente, todas estas cosas son buenas. Como cristianos, creeemos que todos los seres humanos tienen un mismo valor intrínseco y todos deben ser tratados con dignidad y respeto, sin importar sus creencias o estilos de vida. Pero esto no quiere decir que debamos afirmar las elecciones y las acciones de todos.

Veamos uno de los mensajes más comunes en nuestra cultura y examinemos lo que dice la Biblia sobre ello.

¿De verdad vas a juzgar a alguien más por quién ama?

El mundo ha adoptado la noción de que el juzgar a las personas por cualquier elección que tomen para su vida está mal, especialmente cuando se trata sobre el comportamiento sexual. Muchos son rápidos en señalar que incluso Jesús dijo: «No juzgues» (Mat. 7:1). Pero hay más detrás de la frase.

Lee Mateo 7:1-5 en tu Biblia.

¿Cuáles son las razones específicas por las que Jesús enseña el no juzgar?

Antes de «sacar la astilla» de los ojos de los demás, ¿qué debemos hacer?

¿Está este pasaje enseñando que nunca debemos juzgar, o está enseñando algo más? Explica.

Muchísimas personas leen las primeras tres palabras de este pasaje y se detienen pensando que nos enseña el nunca juzgar a nadie. Pero como podemos ver, esto no es así. Este pasaje nos muestra el camino para juzgar de la *manera correcta*. En efecto, estas palabras afirman que las personas sí tienen astillas (pecados) en sus ojos, y es evidente que se deben sacar. Pero el matiz es que si estamos batallando con esos mismos pecados, no podemos rondar «arreglando» a los demás hasta que nosotros mismos nos hayamos arreglado. *Ese* es el punto del pasaje.

Jesús nos da otra aclaración sobre cómo juzgar apropiadamente en Juan 7:24:

No juzguen por las apariencias; juzguen con justicia.

¿Cuáles son algunos ejemplos de juzgar solo por las apariencias?

¿A qué crees que Jesús se refiere cuando Él dice que «juzguemos con justicia»?

La Palabra de Dios es nuestro estándar final para distinguir el bien y el mal, no nuestras amistades, ni las celebridades, ni nuestra cultura. En las próximas semanas aprenderemos que la Biblia definitivamente tiene cosas que decir sobre el amor y el sexo. Si bien los cristianos nunca deben ser justicieros e insensibles hacia las personas, nunca debemos comprometer la verdad bíblica solamente porque el mundo considera la ética sexual de Dios como cerrada de mente e intolerante.

La verdad es esta: «La ley del Señor es perfecta: infunde nuevo aliento. El mandato del Señor es digno de confianza: da sabiduría al sencillo» (Sal. 19:7).

DÍA TRES

Valdrá la pena

No quiero mentir. Seguir la ética de Jesús para el amor y el sexo no siempre es fácil. Muchas veces chocará con la cultura que nos rodea. Seguramente tú has escuchado notcias sobre pasteleros cristianos, floristas, y fotógrafos que han sido demandados o les han arruinado sus negocios por rehusarse a proveer un servicio a una boda de personas del mismo sexo. Quizás tú nunca estés en su posición. Pero es posible que te humillen y te excluyan por escoger la ética sexual de Jesús y no de tu cultura. Esto puede ser muy desanimante, así que debemos recordarnos a nosotros mismos las promesas de Dios para nuestras vidas. Al final, el seguir a Cristo valdrá la pena.

Lee Romanos 8:28-29 en tu Biblia.

¿Cuál es la promesa para quienes aman a Dios?

¿Cuál es el destino final de los creyentes? ¿A Quién nos asemejaremos?

¿Acaso no es maravilloso el que llegaremos a ser semejantes a Jesús? Esa es la meta para cada cristiano. Pero por supuesto que esto no lo logramos por nuestra propia cuenta, contamos con la ayuda de Dios en el camino.

Este pasaje no comienza diciendo que Dios dispone algunas cosas, o solo las cosas menores de nuestras vidas para nuestro bien. No, Dios dispone ***todas*** las cosas para nuestro bien. Esto quiere decir que, sin importar por lo que pasemos, sea bueno o malo, cada cosa obrará para bien al final si seguimos a Dios y Su propósito.

Pablo no solo escribió estas palabras, él las vivió. Lo habían golpeado y dejado náufrago, enfrentó peligros y dificultades constantes a través de su vida (2 Cor. 11). Sin embargo, en su carta dice lo siguiente:

> ***Por tanto, no nos desanimamos. Al contrario, aunque por fuera nos vamos desgastando, por dentro nos vamos renovando día tras día. Pues los sufrimientos ligeros y efímeros que ahora padecemos producen una gloria eterna que vale muchísimo más que todo sufrimiento. Así que no nos fijamos en lo visible, sino en lo invisible, ya que lo que se ve es pasajero, mientras que lo que no se ve es eterno. (2 Cor. 4:16-18).***

¿Por qué Pablo nos invita a no desanimarnos?

Pablo enfrentó dificultades serias en su vida. Sin embargo, ¿cómo las asimiló?

¿Qué efecto tienen estas clases de experiencias en nuestra vida?

Entonces, ¿qué debemos guardar en nuestra mente cuando las enfrentemos?

No siempre podemos entender lo que Dios está haciendo en medio de la dificultad. Sin embargo, debemos confiar en lo que sabemos sobre quién es Él. Él es bueno, y todas las cosas obran para nuestro bien y Su gloria. Él promete que nos enfrentaremos a circunstancias difíciles, pero Él también promete que nunca las enfrentaremos solos. Nuestro Dios siempre está con nosotros, incluso en medio de las pruebas.

Sin importar lo que pase, Él es un Dios en quien podemos confiar.

VERDADERA LIBERTAD

COMIENZA

Tómate un tiempo para pensar cómo tú responderías a esta pregunta: ¿Qué significa «libertad»?

Hace poco le pregunté a un grupo de estudiantes del bachillerato esta misma pregunta. Después de una conversación y reflexión, ellos acordaron la siguiente definición: «La libertad es ser capaz de hacer lo que quieres sin límites». Puesto de otra manera, la persona libre hace lo que él o ella quiere sin que otra persona o ley lo detenga.

¿Estás de acuerdo o en desacuerdo con esta definición? ¿Por qué?

Desarrollemos esto un poco más. Mira la primera parte de la definición: ¿es realmente libre la persona que hace lo que quiere?

¿Y qué de la segunda parte de la definición? ¿Es la libertad hacer lo que quieres *sin límites*? Piénsalo: ¿acaso eres más libre si golpeas las teclas de un piano al azar ,o si sigues a un instructor cuya disciplina te guía? La respuesta es obvia. El instructor te ayuda a limitar tus acciones para que puedas usar el piano de la manera que se debe usar. La disciplina y los límites son factores necesarios para producir música bella. La libertad viene al someterse a los límites correctos, y no al resistir los límites. Es por eso que los límites son necesarios para la verdadera libertad.

MIRA

Mira el video de la sesión 2. Llena los espacios mientras lo miras. Cuando el ícono aparezca en pantalla, pausa el video. Reproduce el video restante al final de la discusión en grupo.

1. La libertad no es hacer cualquier cosa que __________, sino vivir de acuerdo al __________ de Dios para tu vida.

2. Tú y yo estamos hechos para ______________. Necesitamos tener una relación con Dios, y necesitamos relacionarnos con otras personas.

3. Realmente podemos ser ________ cuando cultivamos —de la manera correcta— la clase de relaiones que Dios tiene ___________ para nosotros.

4. La libertad es _____________ los deseos correctos.

ANALIZA

De acuerdo a la cosmovisión cristiana, la verdadera libertad no es un asunto de hacer lo que quieres sín límites, sino de cultivar los deseos correctos y vivir en obediencia a la voluntad de Dios. En otras palabras, es alinear nuestros deseos con la voluntad de Dios.

¿Quiere decir entonces que la libertad viene por medio de la autodeterminación? ¡No! Si intentas ser obediente por tus propios medios fracasarás. De hecho, si intentas seguir los mandamientos de Dios en tus propias fuerzas, es probable que fracases miserablemente. La cosmovisión cristiana nos enseña que nosotros somos incapaces de vivir la vida cristiana en nuestras propias fuerzas. El pecado nos ha incapacitado hasta el núcleo.

Lee Romanos 3:9-12,19-20.

¿A qué conclusión llegamos? ¿Acaso los judíos somos mejores? ¡De ninguna manera! Ya hemos demostrado que tanto los judíos como los gentiles están bajo el pecado. Así está escrito: «No hay un solo justo, ni siquiera uno; no hay nadie que entienda,nadie que busque a Dios. Todos se han descarriado, a una se han corrompido. No hay nadie que haga lo bueno; ¡no hay uno solo!». [...]

Ahora bien, sabemos que todo lo que dice la ley, lo dice a quienes están sujetos a ella, para que todo el mundo se calle la boca y quede convicto delante de Dios. Por tanto, nadie será justificado en presencia de Dios por hacer las obras que exige la ley; más bien, mediante la ley cobramos conciencia del pecado.

¿Qué verdad difícil enseña este pasaje sobre la condición humana?

¿Qué nos dice este pasaje sobre la persona que se considera «buena»?

¿Somos capaces de alcanzar a Dios por medio de nuestras buenas obras? ¿Por qué?

¿Qué nos muestra la ley de Dios?

El secreto de la vida cristiana —y lo que separa al cristianismo de otras religiones— se encuentra en la gracia. Cuando reconocemos nuestra propia deficiencia e incapacidad de vivir como Dios quiere, Él transforma nuestro corazón y nuestras vidas.

Nuestra fuerza viene al reconocer nuestras debilidades y nuestros fracasos y al depender de Dios.

Ahora pongámosle un matiz a nuestra pregunta original sobre lo que significa ser libre: ya que un Dios personal existe, ¿cambia esto la manera en que entendemos la libertad?

¿Piensas que creer en Dios harría a un individuo sentirse menos o más libre? ¿Por qué?

Es posible que pienses que creer en Dios acumule culpa en esta vida o juicio cuando mueras. Y quizás pienses que la existencia de Dios no haga ninguna diferencia en que alguien se sienta libre —excepto por el peso de las consecuencias que resultan de las malas elecciones.

Pero la existencia de un Dios personal lo cambia todo.

El mundo no es un accidente cósmico. El mundo fue diseñado con un propósito del Creador, y lo primero que aprendemos sobre Dios en la Biblia es que Él es el creador (Gén. 1:1). Así como un automóvil es diseñado para funcionar de una cierta manera —y es solamente «libre» cuando se usa como se debe —de igual manera los humanos han sido creados para un propósito más grande y solo experimentan la libertad cuando descubren y viven ese propósito.

Esto plantea la siguiente pregunta:

¿Para qué crees que nos hizo Dios? ¿Cuál es nuestro propósito?

Lee Génesis 1:26-27.

Y dijo: «Hagamos al ser humano a nuestra imagen y semejanza. Que tenga dominio sobre los peces del mar, y sobre las aves del cielo; sobre los animales domésticos, sobre los animales salvajes, y sobre todos los reptiles que se arrastran por el suelo». Y Dios creó al ser humano a su imagen; lo creó a imagen de Dios. Hombre y mujer los creó.

Resalta las palabras «nuestra imagen» y «nuesta semejanza».

¿Qué efecto tiene ser hechos a la imagen de Dios a nuestro propósito?

Demos un paso más allá. La Escritura suele mencionar a Dios siendo conocido.

Caminaré entre ustedes. Yo seré su Dios, y ustedes serán mi pueblo. —Levítico 26:12

Si alguien ha de gloriarse,que se gloríe de conocerme y de comprender que yo soy el Señor, que actúo en la tierra con amor, con derecho y justicia, pues es lo que a mí me agrada —afirma el SEÑOR—. —Jeremías 9:24

Les daré un corazón que me conozca, porque yo soy el SEÑOR. Ellos serán mi pueblo, y yo seré su Dios, porque volverán a mí de todo corazón. —Jeremías 24:7

¡Fíjense qué gran amor nos ha dado el Padre, que se nos llame hijos de Dios! ¡Y lo somos! El mundo no nos conoce, precisamente porque no lo conoció a él. —1 Juan 3:1

En esto consiste el amor: no en que nosotros hayamos amado a Dios, sino en que él nos amó y envió a su Hijo para que fuera ofrecido como sacrificio por el perdón de[a] nuestros pecados. —1 Juan 4:10

Describe lo que estos versículos revelan sobre nuestra relación con Dios.

¿Cómo modela la relación que tenemos con Dios la manera en que nos relacionamos con otros?

La Escritura revela que Dios nos hizo para relacionarnos con Él y con otros. Tal como aprendimos en la última sesión, Jesús dijo que los mandamientos más importantes son amar a Dios y a otros (Mar. 12). La verdadera libertad existe en relaciones sanas e íntimas, con Dios y otras personas. Por lo tanto, la vida libre y abundante que Jesús nos ofrece solo se puede experimentar por medio del compromiso de estas relaciones, arraigadas y cultivadas dentro del buen diseño de Dios.

A través de la historia de la creación en Génesis, Dios es constante al llamar «buena» a Su creación. Pero existe una cosa que Dios dijo que no era buena.

Lee Génesis 2:18 en tu Biblia.

¿Cuál es la única cosa que Dios dice que no es buena?

¿Por qué crees que esto es así?

Sabemos que Dios nos creó para estar en relación con Él, y sabemos que Adán necesitaba a Eva para multiplicarse y llenar la tierra (Gén. 1:28). Pero Dios también creó al ser humano para estar *en relación* con otros seres humanos. No fuimos diseñados para vivir en aislamiento. Fuimos diseñados para vivir con otras personas en familia y comunidades.

Ya que fuimos diseñados para las relaciones, entonces solo podemos ser libres por medio del compromiso y la fidelidad. Esto parece ser contradictorio. Después de todo, vivimos en un mundo de opciones ilimitadas. Desde productos para el consumidor, hasta la música y la televisión en directo [streaming], parece que puedes obtener lo que quieras, cuando quieras, como quieras, y con quien quieras. Así que, ¿por qué no abandonar las relaciones difíciles? Y desde el punto de vista del matrimonio, ¿por qué comprometernos con una persona de por vida? ¿Por qué debemos limitarnos?

¿Qué problemas pueden surgir de la falta de fidelidad y compromiso?

¿Cómo podrían la fidelidad y el compromiso ser factores de libertad?

¿Hay alguien que conozcas que siempre te apoyará a toda costa? Si es así, ¿cómo sería tu vida sin ellos?

Hay consuelo al saber que alguien siempre te apoyará, sea un cónyuge cuando avances más en edad o una amistad cercana ahora mismo. La verdadera fidelidad y compromiso nos garantizan que alguien no nos dejará al primer indicio de dificultad y que juntos navegaremos en la tempestad de los problemas.

Volvamos a la pregunta original: ¿qué significa tener verdadera libertad?

En vez de limitarnos, ¿cómo las relaciones de compromiso nos llevan a una libertad mayor?

Dios nos invita a cada uno a la libertad que viene al comprometernos a Su propósito para nosotros y al amar a otras personas en las relaciones. Este es el único camino para experimentar la verdadera vida plena que Jesús nos invita a vivir.

DÍA UNO

Práctica

Muchas personas que han abandonado la religión lo hicieron porque pensaron que era muy limitante —sobretodo en temas de la sexualidad. Pero tal como hemos aprendido, abandonar a Dios no nos otorga la verdadera libertad; la verdadera libertad solo viene por medio de seguir la voluntad de Dios para nuestras vidas.

También sabemos que seguir el plan de Dios no siempre es fácil. Pablo sabía esto muy bien, por eso fue que dijo: «Cuando soy débil, entonces soy fuerte» (2 Cor. 12:10). A primera vista, esto puede parecer una contradicción. Pero miremos el versículo en contexto.

Lee 2 Corintios 12:9-10 en tu Biblia.

¿De dónde viene nuestra facultad de hacer lo correcto?

¿Qué nos enseña este pasaje sobre nuestras propias falencias y debilidades?

Pablo sabía que el poder de la vida cristiana viene cuando dependemos del poder de Cristo que obra en nosotros. Cuando se nos acaba la fuerza, la gracia y el poder de Dios nos levantan y nos guían.

Pero dejar ir nuestra necesidad de lograr las cosas a nuestra manera no siempre es fácil —es por eso que las disciplinas espirituales son tan importantes. Es posible que desconozcas el término «disciplinas espirituales», pero estas son acciones o prácticas cotidianas que nos ayudan a cultivar nuestra relación con Dios. Así como la libertad viene al pianista que practica regularmente, de igual manera la libertad viene al cristiano que «practica» la vida espiritual.

¿Cuáles son algunas maneras en que los cristianos «practican» la vida espiritual?

Si te atascas, he aquí algunas disciplinas espirituales que se mencionan en la Biblia.

- La oración (Mat. 6:4-6)
- El ayuno (Mat. 6:16-18)
- La soledad (Sal. 46:10; Mar. 1:35)
- El servicio (Gál. 5:13-14; 1 P. 4:10)
- La mayordomía (Mat. 25:23,29)
- El estudio bíblico (2 Tim. 3:16)
- La comunión con otros (Hech. 2:42)
- La confesión (Sant. 5:16; 1 Jn. 1:9)
- La adoración (Rom. 12:1-2)
- El reposo (Mat. 11:28-30)
- La generosidad (Hech. 20:35)
- La pureza (Fil. 4:8; 1 Tes. 4:3-4)
- El evangelismo (Mat. 28:19-20)

Toma un minuto para buscar en la Biblia las referencias listadas con cada disciplina para ayudarte a entender mejor.

¿Cuál de estas disciplinas tú «practicas»?

Haz nota de cualquiera de las disciplinas que no están en tu vida. Luego pídele a Dios que te ayude a desarrollarlas.

Las disciplinas espirituales son necesarias para cultivar la clase de carácter en el que nuestros deseos se alinean con la voluntad de Dios. Pero recuerda que Dios es el Único que logra la transformación de nuestros corazones por medio de la gracia.

Lee Filipenses 2:12-13.

> ***Así que, mis queridos hermanos, como han obedecido siempre —no solo en mi presencia, sino mucho más ahora en mi ausencia— lleven a cabo su salvación con temor y temblor, pues Dios es quien produce en ustedes tanto el querer como el hacer para que se cumpla su buena voluntad.***

¿Cómo practicarás hoy las disciplinas espirituales?

DÍA DOS

¿Sin compromiso?

¿Cuáles son algunos ejemplos de cómo nuestra cultura describe la perspectiva cristiana del sexo?

Sé honesto. ¿Estás de acuerdo con algunas de estas cosas?

Es probable que hayas escrito cosas como: «anticuada», «represiva», o incluso «perjudicial». Es posible que hasta estés de acuerdo con algunas de estas opiniones. Pero ¿alguna vez te has puesto a pensar sobre todos los efectos perjudiciales —tanto como para el individuo como para la sociedad— que vienen al rechazar la ética sexual de Jesús?

Uno de los mensajes que nuestra sociedad propaga sobre el sexo es que el sexo fuera del matrimonio está bien siempre y cuando sea consensual. Pero el sexo «casual» tiene consecuencias negativas —físicas y emocionales.

¿Cuáles son algunas de las consecuencias negativas físicas del sexo casual?

Algunas respuestas obvias son las infecciones de transmisión sexual y los embarazos no deseados. ¿Pero cuáles son las consecuencias a largo plazo? Una ETS puede impactar tu salud para el resto de tu vida. Y cuando existe un embarazo no deseado, una mujer debe elegir si se queda con el bebé, lo pone en adopción, o lo aborta. Todas estas son dificultades extremas, con la última causando la muerte de un ser humano inocente.

Ahora bien, ¿cuántos de nosotros pensamos sobre las consecuencias *emocionales* del sexo? Incluso hasta si es consensual y acordado sin compromiso, ¿es realmente así?

¿Cuáles son las consecuencias negativas emocionales del sexo casual?

Incluso si el sexo es consensual, puede conllevar a la culpa y la verguenza. Una persona se puede sentir usada o hasta violada. Es posible que un encuentro sexual que estaba acordado sin compromisos generó una conexión emocional en una persona mientras que la otra no siente lo mismo, conllevando a sentimientos de rechazo. Esto significa que existen consecuencias en materia de relación en el sexo casual también.

¿Cuáles son las consecuencias negativas en materia de relación en el uso inapropiado de la actividad sexual?

El sexo casual puede incomodar una amistad o una relación laboral, puede causar el caos emocional, y ser seriamente perjudicial, especialmente si una de las personas está comprometida en una relación o si tiene una familia. Una aventura tiene una cantidad enorme de consecuencias negativas, desde el dolor emocional a la pérdida de confianza y sentirse indigno. Puede destrozar a una familia, afectando emocionalmente, psicológicamente y financieramente a los adultos y a los niños.

Hasta ahora, solamente hemos examinado los efectos del sexo consensual. Desafortunadamente, no toda la actividad sexual es consensual. El abuso de la actividad sexual es una cosa terrible, pero suele ocurrir muy a menudo. Tan terrible que sean estas cosas, necesitamos hablar de ellas.

¿Cuáles son los resultados cuando una persona ignora el consentimiento de otra en la actividad sexual?

Es posible que hayas escrito cosas como el abuso sexual y las violaciones. Quizás tengas en mente el movimiento #MeToo (#Yo también). O has escrito hasta la trata y esclavitud sexual de personas. Todo esto son cosas terribles que suceden cuando las personas rechazan el valor intrínseco del ser humano y simplemente lo usan para su propio placer.

Muchas personas miran la ética sexual cristiana como anticuada y represiva. Pero mira todas las consecuencias perjudiciales que pueden —y ocurren— ocurrir al ignorarlas. Dios nunca quiso que ninguna de estas cosas pasaran.

Ahora terminemos con una nota positiva. Hemos examinado el daño que viene al ignorar la ética sexual de Jesús. Miremos el bien que resulta al seguirla.

¿Cuáles son algunas consecuencias positivas de seguir la ética sexual de Jesús? No pienses solamente en lo contrario de lo negativo que escribiste antes. Piensa en los resultados individuales y sociales que salen de una actividad sexual diseñada por Dios.

Seguir la ética sexual cristiana significa familias y sociedades fuertes y sanas; compromiso, confianza, seguridad; y libertad y vida abundante. Existen más resultados positivos de los que imaginamos, pero recuerda: el diseño de Dios es para nuestro bien.

Mientras que la ética cristiana sexual puede parecer limitante y difícil, en última instancia, es lo mejor para nosotros. Rechazar el ideal de Dios resulta en mucho daño para la sociedad, pero seguirlo resulta en pueblos sanos y prósperos. Es por eso que es tan importante el entender que los mandamientos de Dios son buenos y son para nuestro bien.

DÍA TRES

Libres para vivir

La libertad es el tema central del estudio de esta semana. Hemos explorado cómo la verdadera libertad llega al seguir las reglas de Dios en vez de rechazarlas. Hoy, hablaremos sobre la importancia de la perspectiva en cuanto a la libertad. Miremos Génesis 2.

Lee Génesis 2:15-17.

> ***Dios el SEÑOR tomó al hombre y lo puso en el jardín del Edén para que lo cultivara y lo cuidara, y le dio este mandato: «Puedes comer de todos los árboles del jardín, pero del árbol del conocimiento del bien y del mal no deberás comer. El día que de él comas, ciertamente morirás».***

¿Qué podía hacer Adán?

¿Qué era lo único que no podía hacer?

¿Qué era más importante: la libertad de Adán o sus límites?

¿Qué te enseña esto sobre el amor que Dios tiene por ti?

Adán era libre para comer de cualquier árbol del jardín, excepto uno. Solo uno. Pero la humanidad cayó cuando Satanás tentó a Eva desobedecer la única restricción de Dios.

Lee Génesis 3:1.

> ***La serpiente era más astuta que todos los animales del campo que Dios el SEÑOR había hecho, así que le preguntó a la mujer: —¿Es verdad que Dios les dijo que no comieran de ningún árbol del jardín?***

Compara esto a lo que Dios dijo en Génesis 2:15-17.

¿Cómo comienzan las frases de Dios y la serpiente?

Dios: «Puedes ________ de ________los árboles del ____________».

Serpiente: «¿En verdad que Dios __________ dijo que ______ comieran de ________ árbol del Jardín?»

¿En qué se enfocó Dios primero y en qué se enfocó Satanás? Piensa sobretodo sobre la manera en que sus frases matizan en la libertad y las restricciones.

¿Cómo se compara la descripción que hace la serpiente de la única restricción de Dios a lo que realmente Dios dijo?

¿Qué dice esto sobre la manera en que solemos ver las reglas de Dios?

Satanás quiere que nos enfoquemos en todo lo que no se nos ha permitido hacer en vez de todo lo que somos libres para hacer. Él quiere magnificar las restricciones de Dios para que pensemos que Dios es opresivo. Satanás quiere que pensemos que Dios está ocultándonos algo bueno para nosotros en vez de protegernos de las cosas malas.

¿Te suena esto? Nuestra sociedad sigue cayendo en el engaño de Satanás. Pensamos que las reglas de Dios son duras y limitantes. Pero desobedecer la ética sexual de Dios nos causa tanto daño y a la sociedad en general. Las reglas de Dios no nos limitan; nos protegen.

¿Estás listo para confiar que Dios sabe qué es lo mejor?

AMOR REAL

COMIENZA

¿Qué es el amor? Canciones infinitas, películas y poemas se hacen sobre el «verdadero amor». Pero ¿puedes definirlo? Si no, ¿cómo puedes saber si realmente amas a alguien? Y ¿cómo podrías saber si le puedes creer a una persona cuando te dice «te amo»?

Escribe tu propia definición del amor.

¿Sueles ver el amor desde el punto de vista de las emociones o de las acciones? Explica.

En esta sesión, exploraremos lo que el amor verdadero significa y cómo podemos amar a las personas con nuestros cuerpos y nuestras almas.

MIRA

Mira el video de la sesión 3. Llena los espacios mientras lo miras. Cuando el ícono aparezca en pantalla, pausa el video. Reproduce el resto del video al final de la discusión grupal.

1. ____________ significa dar lo mejor por alguien, el desarrollar ________ física, emocional, relacional y espiritual.

2. ___________ significa proteger algo.

3. _______ es proteger y proveer.

4. Amar involucra estar _____________ con el bien de la otra persona, _______________ de cómo se sienta.

5. Dios sabe qué es ________ para nosotros.

6. Estamos llamados a ser _________, _____________, y _________ hacia otras personas. Pero también tenemos que actuar con confianza de que el diseño de Dios es lo mejor.

7. Es la _________ lo que trae libertad, pero debemos presentar esta_________ en amor.

ANALIZA

Mi padre me compartió una definición del amor cuando era adolescente que me ha ayudado a través de la vida. Si te tomas el tiempo de entenderla y apropiarte de ella, puede marcar un antes y un después en tu vida y tus relaciones. Esta definición viene de las enseñanzas de Pablo en Efesios 5:25-29.

> ***Esposos, amen a sus esposas, así como Cristo amó a la iglesia y se entregó por ella para hacerla santa. Él la purificó, lavándola con agua mediante la palabra, para presentársela a sí mismo como una iglesia radiante, sin mancha ni arruga ni ninguna otra imperfección, sino santa e intachable. Así mismo el esposo debe amar a su esposa como a su propio cuerpo. El que ama a su esposa se ama a sí mismo, pues nadie ha odiado jamás a su propio cuerpo; al contrario, lo alimenta y lo cuida, así como Cristo hace con la iglesia.***

Si bien esto enseña sobre el amor de un esposo por su esposa en específico, aún nos enseña sobre el amor en general.

¿Quién es el ejemplo de cómo amar?

¿Cómo amó Cristo a la iglesia?

¿Cómo dice este pasaje que cuidamos a nuestros propios cuerpos?

¿Qué significa nutrir y cuidar? ¿Cómo podemos nutrir y cuidar a quienes amamos?

Pones estas dos palabras juntas y tenemos una definición simple del amor que mi padre compartió conmigo: proteger y proveer. El amor bíblico, el cual está arraigado en el amor sacrificial de Jesús, busca proteger del dolor a quienes ama y provee para su bienestar.

Antes vimos cómo la ética sexual de Jesús transformaría para bien a las sociedades, pero también a los individuos. Dios nos da mandamientos para el sexo para protegernos y proveernos, y no para robarnos la diversión.

Considera el cómo seguir los mandamientos de amor de Dios de reservar el sexo para la unión de un hombre y una mujer en matrimonio nos protegen y nos proveen bienestar.

¿De qué nos protege el reservar el sexo para el matrimonio?

¿Qué bienestar nos provee?

Dios quiere protegernos del daño físico, emocional y espiritual, y quiere proveernos con libertad genuina en nuestras relaciones. El matrimonio fue hecho exactamente para eso: nos da la libertad para expresar nuestro amor como Dios lo diseñó, una unión hermosa entre un hombre y una mujer de por vida.

¿En qué manera amar a otros nos da verdadera libertad?

Nuestros corazones, sin embargo, no siempre se alinean con los estándares de Dios. Dado el poder del pecado, es fácil confundirnos sobre lo que está bien y lo que está mal en nuestros noviazgos, e incluso hasta en el matrimonio.

¿Cómo amamos a las personas que quizás ignoran estar equivocadas?

¿Cómo luce el amar a las personas que rechazan los conceptos bíblicos del amor y adoptan otros valores? ¿Cómo amamos a las personas que consideran a los cristianos juzgones e intolerantes?

Recalquemos nuestra definición del amor. Recuerda, el amor no es un sentimiento, sino un compromiso de hacer lo mejor para lo demás, incluso si ellos no reconocen o aceptan la realidad de lo que es mejor. Es decir, amar a otros no implica necesariamente que ellos lleguen a reconocer que los estemos protegiendo les proveamos un bien.

Muchas personas pueden hasta confundir las acciones amorosas con el odio. Después de todo, hubieron personas que se mofaron de Jesús en la cruz. El amor involucra estar comprometido por el bien de los demás a pesar de cómo se sientan.

Comparte sobre un tiempo cuando hablaste la verdad en amor y alguien más la percibió como juicio y odio. ¿Qué pasó? ¿En qué sentido fue para el bienestar lo que compartiste?

Ahora, piensa en una ocasión cuando alguien te confrontó en amor sobre una verdad difícil. ¿ Cómo respondiste? ¿ Cómo responderías de otra manera ahora, sabiendo que fue un acto de amor?

Dios sabe qué es lo mejor para todos nosotros —y Él es el diseñador y creador del sexo. Él sabe qué es lo mejor para tí, para mí y para nuestros vecinos. ¿Significa eso entonces que tenemos el título de la policía moral, criticando a otros que no siguen la ética sexual bíblica? No, ese no es el punto. Comenzamos amándolos, y si amarlos significa buscar su bienestar, nuestras palabras no siempre serán bien recibidas. Los estándares del mundo raramente se alinean con los de Dios. Pero conocer qué es el amor real nos da la valentía para hablar la verdad, incluso cuando es impopular.

Lee lo que Jesús dice en Juan 8:32 sobre decir la verdad:

Y conocerán la verdad, y la verdad los hará libres.

En concreto, ¿cómo nos libera la verdad? ¿De qué nos libera, y para qué nos libera?

No decimos la verdad para aparentar ser inteligentes, ganar argumentos o silenciar a otros. Decimos la verdad porque trae libertad. Y cuando decimos la verdad, estamos llamados a decirla con amor, como lo hizo Jesús.

Sí, Dios nos llama a decir la verdad y a decirla con amor. Sin embargo, es posible irse a cualquiera de los extremos de la ecuación. Nos equivocamos al decir la verdad sin una buena dosis de amabilidad y gracia, y sin un interés genuino por los demás. Y también podemos cometer el error de mermar y decir la verdad a medias para no ofender a nadie.

¿En qué temas culturales piensas que es preciso balancear correctamente la verdad con la gracia?

Jesús nos invita a integrar el balance correcto de gracia y verdad en todas la áreas de nuestra vida. Y para lograrlo, necesitamos aprender a amar a las personas con nuestros cuerpos y nuestras almas.

Una de las mentiras que cuenta nuestra cultura es que podemos separar el lado físico de nuestra humanidad (el cuerpo) del lado espiritual (el alma). El mundo dice que el cuerpo no acarrea ningún sentido inherente (o que no tiene un sentido por sí mismo), y que lo podemos usar a nuestro antojo. Pero la vida no funciona así. Todos sabemos que las acciones corporales acarrean sentido intrínseco. Podemos decir la verdad con nuestras palabras pero seguir mintiendo con nuestros cuerpos.

Piensa en las maneras que usamos nuestros cuerpos para interactuar con las personas y los mensajes que comunicamos con esas acciones. Por ejemplo, el darse la mano o una palmada en la espalda. ¿Qué otro gesto tienes en mente? ¿Qué comunican esas acciones?

Si lo que hacemos con nuestros cuerpos comunica algo, ¿qué comunica el sexo? ¿Comunica esta acción algo más profundo que una «simple diversión» como muchos parecen creer?

Hablemos sobre esta cuestión. Ten en cuenta el video de la sesión y lo que has aprendido hasta ahora. Ahora, piensa: ¿en verdad el sexo es «solo diversión»?

Nos comunicamos con nuestros cuerpos y nuestras palabras porque Dios nos hizo cuerpo y el alma. Dios formó al hombre del «polvo de la tierra», y sobre el puso Su «hálito de vida», y luego él llegó a ser un «ser viviente» (Gén. 2:7). Entonces, un ser humano tiene tanto una dimensión física (cuerpo) y como una dimensión espiritual (alma). Somos seres corporales vivificados por un alma.

¿Qué cambios positivos puedes esperar en tus relaciones cuando comienzas a demostrar amor a otros con tu cuerpo y alma?

Esta es la idea principal: el sexo significa algo. El toque físico significa algo. Nuestros cuerpos y almas importan. Entonces, debemos considerar: ¿cómo honramos a Dios y amamos a otras personas con nuestros cuerpos y nuestras almas?

Vestido para honra

Cuando del sexo se trata, hay dos palabras que se usan en el ministerio juvenil: modestia y pureza. Estas conversaciones tienden a ser complicadas tanto para los líderes como para los jóvenes. Pero es importante ser claros con estas ideas porque solemos malinterpretar lo que significan.

Escribe las siguientes definiciones en tus propias palabras:

- **Modestia:**

- **Pureza:**

Cuando hablamos de la modestia, típicamente hablamos de la manera en que las personas se visten. Si bien quieras torcer los ojos cuando escuchas la palabra ***modestia***, esta es necesaria para una ética sexual saludable. Piénsalo de esta manera: Si somos llamados a honrar a Dios con nuestros cuerpos, ¿acaso no debería esto influenciar la manera en que nos vestimos? Por respeto a nuestros hermanos y hermanas en Cristo, que buscan amar a Dios en pensamiento y obra, ¿no deberíamos vestirnos con modestia? Si bien esto suele ser dirigido a las chicas, los chicos también lo necesitan.

Todos somos responsables por nuestros pensamientos lujuriosos. Pero ¿significa esto que no es nuestra responsabilidad la manera que presentamos nuestros cuerpos? ¿Tenemos motivos que honran a Dios cuando nos vestimos de una manera que incita a otros a mirarnos con lujuria? La modestia nos invita a considerar que la manera en que nos vestimos contribuye a un ambiente moral más grande. Entonces, consideramos: ¿cómo nos podemos vestir de una manera que honre a Dios y ayude a crear un ambiente de amor por los demás?

Toma un minuto para pensar sobre tu vida y cómo te vistes. ¿Te estás vistiendo de una manera que honra a Dios y muestra amor por los demás? Explica.

Miremos ahora lo que la Biblia dice sobre la pureza y la inmoralidad sexual.

Lee 1 Corintios 6:19-20.

> ***¿Acaso no saben que su cuerpo es templo del Espíritu Santo, quien está en ustedes y al que han recibido de parte de Dios? Ustedes no son sus propios dueños; fueron comprados por un precio. Por tanto, honren con su cuerpo a Dios.***

¿Qué dice Pablo que es tu cuerpo?

A nuestra cultura le gusta decir: «Yo puedo hacer lo que quiera con mi cuerpo». ¿Qué dicen estos versísculos sobre esa mentalidad?

¿Qué dicen estos versículos sobre lo que debemos hacer con nuestros cuerpos?

Los mandamientos de Dios son para nuestro bien, y florecemos cuando vivimos de la manera que Dios diseñó para vivir. La motivación para evitar la inmoralidad sexual no se trata de nosotros. Más bien, la motivación debe ser el honrar a Dios con nuestros cuerpos. La pregunta debe ser: «¿en qué manera podemos usar nuestros cuerpos para amar mejor a las personas y a Dios?

Pregúntate: *¿Estoy yo honrando a Dios con mi cuerpo?* Escribe varias frases en respuesta.

Balance

Encontrar el balance entre la gracia y la verdad no siempre es fácil. Tu generación se enfrenta a cuestiones éticas difíciles que generaciones anteriores jamás enfrentaron.

Describe cómo tú responderías en la siguientes situaciones con verdad y gracia.

Te invitan a una boda de una pareja del mismo sexo. ¿Asistes por amor a tu amigo o familiar, o rechazas la invitación porque va en contra del modelo de Dios para el matrimonio?

Un compañero transgénero pide que se dirijan a él por el pronombre del «género» con el que se identifican. ¿Acatas por ser amable o rechaza esto la verdad biológica?

La Escritura no nos da respuestas simples, pero Jesús nos invita a seguir Su liderzgo al responder con gracia y verdad. Él nos invita a amar verdaderamente a las personas, sea que se den cuenta de nuestro amor o no. Examinemos cómo Él lo explica:

Lee Marcos 2:15-17.

Sucedió que, estando Jesús a la mesa en casa de Leví, muchos recaudadores de impuestos y pecadores se sentaron con él y sus discípulos, pues ya eran muchos los que lo seguían. Cuando los maestros de la ley que eran fariseos vieron con quién comía, les preguntaron a sus discípulos: —¿Y este come con recaudadores de impuestos y con pecadores? Al oírlos, Jesús les contestó: —No son los sanos los que necesitan médico, sino los enfermos. Y yo no he venido a llamar a justos, sino a pecadores.

¿Por qué los fariseos criticaron a Jesús? ¿Cómo Jesús justificó el «comer con los pecadores»?

¿Por qué era importante que Jesús comiera con pecadores «conocidos»? ¿Qué lograría esto?

Jesús fue criticado por cenar con los recaudadores de impuestos y los pecadores. Ya que ellos eran «pecadores», Jesús sabía que ellos estarían más abiertos a Su mensaje que los líderes religiosos. Así que, en vez de pedirles que cambiaran su comportamiento moral primero, Él construyó relaciones de amor primero con ellos, sabiendo que ellos solo podían experimentar transformación espiritual ***después*** de haber esperimentado Su gracia.

He aquí otro ejemplo de Jesús ejerciendo gracia y verdad.

Lee Juan 2:7-18 en tu Biblia.

¿Por qué a la mujer le pareció extraño que Jesús estuviera hablando con ella?

¿Cómo Jesús ejerció tanto gracia como verdad con la mujer samaritana?

En ambos escenarios, Jesús interactuó con personas con las que las normas sociales y religiosas de Su día prohibían asociarse. Esto muestra el amor grande de Jesús por todos, incluyendo a aquellos que la sociedad aislaba. Y porque Él demostró gracia, Él podía compartir la verdad.

¿Qué nos enseñan estas interacciones con los pecadores sobre cómo podemos amar a otros con gracia y verdad?

Piensa en alguien que no está viviendo de acuerdo a la ética sexual de Dios. Haz una lista de maneras prácticas en que puedes mostrarle gracia y verdad.

Una vez las personas se dan cuenta de que las amamos, ellas pueden estar más receptivas para que les compartamos la verdad. Al amarlas bien, mostramos que como Dios, queremos lo mejor para ellos.

DÍA TRES

Tu cuerpo importa

Una de las primeras herejías de la iglesia primitiva, el gnósticismo, consideraba el cuerpo como algo malo en sí mismo. Los gnósticos creían que la salvación ocurría cuando el alma escapaba de la «prisión» del cuerpo.[1] Pero esto claramente no es bíblico. Génesis 1 nos dice que la creación —incluyendo el cuerpo humano— es bueno.

Con esto en mente, considera la importancia de Jesús tomara la forma humana.

Lee los siguientes pasajes.

> ***Porque no tenemos un sumo sacerdote incapaz de compadecerse de nuestras debilidades, sino uno que ha sido tentado en todo de la misma manera que nosotros, aunque sin pecado. —Hebreos 4:15***

> ***Porque tanto amó Dios al mundo que dio a su Hijo unigénito, para que todo el que cree en él no se pierda, sino que tenga vida eterna. —Juan 3:16***

> ***Nadie tiene amor más grande que el dar la vida por sus amigos. —Juan 15:13***

¿Al tomar un cuerpo humano, ¿qué nos ha mostrado y ha hecho por nosotros Jesús?

Jesús tomó la forma de hombre para identificarse con nosotros, para mostrarnos cómo amar, y en última instancia para redimirnos. Es por eso que la Escritura nos llama amar a Dios y a otros con nuestros cuerpos y nuestras almas. Una manera en que amamos a Dios con nuestras almas es aprendiendo a pensar de manera cristiana (como Cristo).

Lee Romanos 12:2.

> ***No se amolden al mundo actual, sino sean transformados mediante la renovación de su mente. Así podrán comprobar cuál es la voluntad de Dios, buena, agradable y perfecta.***

¿Cómo renovar nuestras mentes (pensar de manera cristiana y bíblica) nos capacita para evitar lo que nos hace daño?

¿Cómo nos capacita el renovar nuestras mentes?

En parte, somos transformados para ver el mundo por medio de una perspectiva bíblica. Esta es una de las metas principales de este estudio: ayudarnos a pensar con la mente de Cristo sobre el sexo, el amor y las relaciones.

Pero no podemos detenernos allí. No solo estamos llamados a renovar nuestras mentes y a transformar nuestra manera de pensar, también estamos llamados a administrar con responsabilidad —manejar o cuidar— nuestros cuerpos.

***Lee Romanos* 6:13.**

> ***No ofrezcan los miembros de su cuerpo al pecado como instrumentos de injusticia; al contrario, ofrézcanse más bien a Dios como quienes han vuelto de la muerte a la vida, presentando los miembros de su cuerpo como instrumentos de justicia.***

¿Qué dice esto sobre ser un buen administrador de tu cuerpo?

En otras palabras, como creyentes, hemos muerto al pecado y hemos nacido como nuevas criaturas en Cristo. Nuestra «antigua naturaleza» fue crucificada con Cristo y hemos sido liberados por gracia para honrar a Dios con nuestros cuerpos (Rom. 6:6).

Haz una lista de algunas acciones y algunos comportamientos que te propones hacer —o dejar de hacer— para que honres a Dios con tu cuerpo.

LA GRACIA DE DIOS

COMIENZA

Seamos honestos: la iglesia ha tenido una mala reputación en nuestra cultura con respecto al sexo y con respecto a nuestra perspectica de quienes sostienen una ética distinta.

¿Qué clase de reputación tiene la iglesia respecto al sexo?

¿Por qué crees que es así? ¿Es simplemente a causa de lo que la Biblia enseña? Explica.

MIRA

Mira el video de la sesión 4. Llena los espacios mientras lo miras. Cuando el ícono aparezca en pantalla, pausa al video. Reproduce el video al final de la discusión grupal.

1. La Biblia dice que el evangelio es ______________.

2. Cuando no vivimos el ___________, perdemos nuestra credibilidad en un mundo que desesperadamente _________ el evangelio.

3. A veces, como cristianos, _________ con facilidad; tratamos a las personas de una manera ______ ___________, porque quizás no entendemos lo mucho que Dios nos ha ______________ .

4. Solemos ser _________________ hacia el mundo a nuestro alrededor porque no hemos experimentado todavía la ___________ de Dios en nuestra vida.

5. Sin importar tu pasado, Jesús ____________ ______ ti. Jesús te ___________.

ANALIZA

El objetivo de Satanás es distorsionar el buen diseño de Dios para el sexo. El sexo trae nueva vida al mundo, pero Satanás es un asesino (Juan 8:44). Los niños son una bendición que traen esperanza para el futuro, pero Satanás quiere que las personas caigan en la desesperanza. Satanás se opone a Dios en cada esquina y se ha enfocado en obrar para socavar la bondad, la verdad y la belleza del sexo.

Para entender las artimañas de Satanás, necesitamos volver a la historia de la creación en Génesis y ver lo que revela sobre Su carácter. Génesis 1 repetidamente dice que la creación es buena. Sin embargo, en Génesis 1 Satanás se aparece e intenta arruinar los planes de Dios para el mundo. Él engaña a Adán y a Eva y los tienta a desobedecer. Como consecuencia, el pecado entra en el mundo y trae consigo sufrimiento y calamidad interminable.

Mira la estrategia de Satanás: Él corrompe, engaña y distorsiona. Satanás usa lo bueno que ha hecho Dios y lo corrompe. Como el padre de mentira (Juan 8:44), Satanás corrompe la bondad y la verdad.

Lista algunas maneras en que Satanás corrompe lo siguiente:

El matrimonio bíblico:

Los deseos sexuales humanos naturales:

El diseño de Dios del género para los seres humanos:

Satanás corrompe el matrimonio bíblico al fomentar el divorcio. Él corrompe los deseos humanos naturales por medio de la pornografía. Él corrompe el diseño de Dios del género para os seres humanos al amenazar la realidad objetiva de la masculinidad y la femininidad. Satanás está en la tarea de corromper lo bueno.

Pero ¿cómo corrompe Satanás estas cosas buenas? Él infecta lo bueno que ha hecho Dios con sus mentiras. Sencillamente: Él nos engaña.

Lee Génesis 3:1-4 en tu Biblia.

¿En verdad Satanás les dijo a Adán y a Eva que Dios no era bueno?

¿Qué hizo entonces?

Satanás les hizo preguntas sutiles a Adán y a Eva para poco a poco romper su confianza en el carácter de Dios. Satanás se apareció como una serpiente en el Jardín, pero esto fue antes de la maldición, así que no había nada sospechoso.

Lee 2 Corintios 11:14 en tu Biblia.

Satanás no se viste de bestia roja con un tridente. Yo no creo que muchas personas de verdad crean que él es este tipo de personaje de caricatura. Pero me inquieta que estén inconscientemente influenciadas con ideas antibíblicas por medio de la música, las películas, las redes sociales, amistades y una cantidad de otros medios. ¿Por qué? Porque el engaño de Satanás no es obvio. Él no le dijo a Adán y a Eva que no confiaran en lo que Dios dijo; más bien, él les hizo preguntas que los hizo dudar.

Satánas no solo disfraza su engaño, él también es astuto en la manera en que lo presenta. Piensa en Adán y Eva: él los manipuló para que hicieran lo que estaba mal convenciendo de que estaban haciendo lo correcto. Él hace lo mismo hoy: él puede convencer a las personas de elegir el mal camino haciéndolas creer que están eligiendo el camino correcto.

Satanás distorsiona las palabras de Dios hasta que nos confundimos sobre lo que realmente Dios nos dijo. Es por esto que no debemos medir la Palabra de Dios con nuestros sentimientos, sino más bien medir nuestros sentimientos con la Palabra de Dios.

¿Cuál fue la primera pregunta que Satanás le hizo a Eva en Génesis 3:1-4?

¿Qué quería lograr Satanás haciendo esta pregunta?

¿Qué le pedía Dios realmente a Eva?

La primera pregunta que Satanás le hizo a Adán y a Eva fue sobre las palabras que habló Dios. Tristemente, Adán y Eva compraron la interpretación distorsionada de la Palabra de Dios y comieron del fruto. Pero cuando Jesús fue tentado, Él respondió con la Escritura —la Palabra de Dios— citándosela a Satanás. Jesús sabía que Satanás distorsionaría las palabra sde Dios y que la libertad solamente viene al alinear nuestras vidas con la verdad de la Escritura.

Satanás sigue operando con la misma estrategia de corromper el buen diseño de Dios, engañando a las personas sobre Su carácter, y distorsionando Su Palabra. Y la ética sexual de Dios es uno de sus objetivos.

Pero antes de que exploremos el diseño específico de Dios para el sexo, la soltería y el matrimonio, es importante que tomemos un minuto para asegurarnos que el amor y el perdón de Dios han entrado en nuestros propios corazones.

Cuando no experimentamos personalmente la gracia y el perdón de Dios:

¿Cómo influencia la manera en que tratamos a otros?

¿Cómo influencia la manera en que nos vemos a nosotros mismos?

Sin experimentar personalmente la gracia y el perdón de Dios, somos incapaces de amar genuinamente a otros. Así que, cuando entendemos cuánta gracia Dios nos ha mostrado, podemos naturalmente extender gracia a otros.

Antes hablamos de lo que la cultura piensa sobre la ética sexual de la iglesia. A los cristianos se los suele acusar por ser duros, juzgones, homofóbicos, y gente de mente cerrada a quienes sostienen una ética sexual distinta. A veces estas acusaciones son estrategias deshonestas creadas para silenciar a los cristianos por sus creencias.

Pero a veces, estas acusaciones son ciertas. La iglesia a menudo ha fracasado en vivir de la manera que Dios manda. La pornografía es un virus que infecta la iglesia. Algunas personas han sido maltratadas a causa de su orientación sexual. Y ni hablar del chisme, el orgullo, la lujuria, el divorcio, y demás. La iglesia no está inmune a estos pecados del mundo. Y por cierto, la iglesia no es un edificio sino que está compuesta por el pueblo de Dios, tú y yo incluidos.

También es fácil quedar atrapado en el ciclo de la culpa y la vergüenza en lugar de experimentar la libertad que viene en Cristo por medio de la gracia y el perdón de Dios.

Imagínate que un amigo —incluso alguien sentado a tu lado ahora mismo— está luchando con la culpa y la vergúenza. ¿Qué le dirías a esa persona?

Yo he tenido un sinnúmero de conversaciones con jóvenes que están muy cargados de culpa y vergüenza. Muchos de ellos se sienten como «cosa usada» o «causa perdida» a causa de la actividad sexual, la adicción a la pornografía, u otra clase de falla en sus vidas. Mi respuesta es siempre la misma:

Dios te ama. Sí, Él te llama al arrepentimiento y a apartarte de tus pecados, cambiando tus caminos por Su diseño. Pero cuando tú confiesas tus pecados—entregando tu vida por completo a Él, en vez de simplemente decir que lo sientes— Dios es fiel y justo para perdonarte. Jesús quiere liberarte de la vergüenza y la culpa, por lo cual Él invita a todos los que están cargados y cansados a ir a descansar en Él. Eso te incluye a ti.

Podemos estar seguros del amor y el perdón de Dios por causa de lo que Jesús hizo en la cruz. La crucifixión fue la muerte más dolorosa y vergonzosa posible. Y aunque Él era inocente, Jesús fue crucificado a propósito por ti y por mí.

Abre tu Biblia y lee Hebreos 2:18; 4:15.

¿Cuál fue el propósito de la prueba y el sufrimiento de Jesús?

Cuando te sientes débil o cuando estás siendo tentado, ¿qué te debes decir a ti mismo?

Sin importar lo que hayas hecho, si pides el perdón de Jesús, por favor confía en que Dios te perdona. Dios no es un rey justiciero que disfruta juzgarnos, Él es un padre celestial interesado en que tengamos una relación con Él y con otros, y en que experimentemos la libertad que viene del perdón. Dios quiere que tengas un nuevo comienzo. Y ese nuevo comienzo puede ser hoy.

DÍA UNO

La creación del alma

Hace poco le pregunté a un grupo de jóvenes estas preguntas. ¿Cómo responderías tú?

De lo que puede crear el ser humano, ¿qué es lo que dura más?

¿Pueden los humanos crear algo que dure para siempre?

Los jóvenes respondieron la primera pregunta mencionando cosas como la ruinas arqueológicas de las pirámides de Egipto y Machu Pichu. Pero todos estuvieron de acuerdo respondiendo «no» en la segunda pregunta. Después de todo, todo acaba deteriorándose. Si bien los presioné por una respuesta, ellos concluyeron que los humanos son incapaces de crear algo que dure para siempre.

Pero yo les dije: «Creo que les falta algo. Con el poder de Dios, los humanos pueden hacer que algo dure para siempre: otros seres humanos».

Tal como hemos venido hablando, les expliqué que Dios hizo a los humanos con cuerpo y alma (Mat. 10:28). Las cosas físicas de este mundo se devanecen, pero cada persona con Dios tiene un destino eterno. De hecho, aunque pasen miles de millones de años, tendrás tanto tiempo en la eternidad como hoy. Es una locura, ¿cierto?

Es por eso que el «sexo es el acto creador más poderoso en el universo. Cuando un hombre y una mujer se unen en la relación sexual, la posibilidad de crear un alma/espíritu eterno se hace posible. Al momento de la fecundación, un alma/espíritu inmortal nuevo ha entrado a la eternidad».[1] Toma un minuto para digerir esta verdad. En serio, vuelve a leer las últimas palabras y asegúrate de que no dejes pasar esto: Dios ha creado a los seres humanos con la capacidad de crear algo que dura para siempre: a otros humanos.

¿Cómo cambia esto tu manera de ver el sexo?

Tal como lo dijo C. S. Lewis, no existen personas ordinarias: «Nunca has hablado con un simple mortal. Las naciones, culturas, artes y civilizaciones son mortales, y su vida es para nosotros como la vida de un bichito. Pero es con los inmortales con quienes bromeamos, trabajamos, nos casamos, a quienes ignoramos y explotamos —terrores inmortales de esplendores eternos».[2]

Con el sexo, dos personas se unen en una actividad que tiene el potencial de crear otros seres «inmortales». La naturaleza eterna de los seres humanos es una razón por la cual es sexo es tan sagrado y poderoso.

¿Qué te enseña esto sobre ti mismo y las cosas que valoras en la vida?

A la luz de esto, ¿cómo debemos ver y tratar a otras personas?

No es lo peor

El sexo es un asunto serio. Pero Satanás distorsiona esta realidad por medio de una variedad de diferentes medios culturales, presentando el sexo como el asunto más serio.

Piensa en canciones, películas, comerciales, memes y GIFS que has encontrado de manera regular. ¿Cuáles son los mensajes que ofrecen sobre el sexo?

¿Cuál es tu perspectiva del sexo? ¿Qué tan importante es para tu felicidad?

La revolución sexual ha intentado convencernos de que el sexo es *el* camino a la felicidad. Sin duda, el sexo es un don divino bueno y maravilloso, pero tampoco es la cúspide y la fuente de la existencia humana.

Satanás también ha convencido a algunos creyentes de que el sexo fuera del matrimonio es el peor pecado —de que es prácticamente imperdonable. Tristemente, muchos cristianos han adoptado esta distorsión de la Palabra de Dios que hace de los que pecan sexualmente incapaces de experimentar la plenitud de Dios. Pero esto también es una mentira. Tú necesitas saber que eres amado y perdonado, sin importar tu pecado.

¿Alguna vez te has sentido tan culpable y juzgado por los demás que pensaste que eras incapaz de experimentar la plenitud de Dios? Explica.

¿Alguna vez te ha costado creer que eres perdonado? ¿Por qué?

Lee 1 Corintios 6:9-11 en tu Biblia.

¿Qué pecados cometieron algunos de los corintios en el pasado?

¿Cuál era su situación ante los ojos de Dios?

¿Qué le dice esto a cualquiera que se quede corto en la ética sexual de Jesús?

Antes de que fueran cristianos, algunos creyentes corintios practicaron una serie de comportamientos sexuales inmorales —como el adulterio y comportamientos homosexuales— pero Pablo los sigue describiendo como gente «lavada», «santificada» y «justificada en el nombre de Jesús nuestro Señor» (1 Cor. 6:11). El pecado sexual es asunto serio, y trae consecuencias, pero no es el peor pecado. Y ciertamente no es algo imperdonable. Si participar en este estudio hasta ahora te ha revivido algún dolor de tus propios fallos sexuales, por favor recuerda que Dios te perdona cuando se lo pides.

Lee 1 Juan 1:9.

> ***Si confesamos nuestros pecados, Dios, que es fiel y justo, nos los perdonará y nos limpiará de toda maldad.***

¿Cuáles dos palabras se usan para describir a Dios? ¿Qué enseñan sobre Él?

¿Cuáles dos cosas promete Dios si confesamos nuestros pecados?

Lee 1 Timoteo 1:15-16 en tu Biblia.

¿Por qué vino Jesús al mundo?

¿Qué dice este pasaje sobre la noción de que Dios es un anciano cascarrabias en el cielo, observando y esperando castigar a los pecadores?

Incluso el apóstol Pablo, quien se consideró a sí mismo «el peor de los pecadores», dijo que Dios vino al mundo por medio de Jesús a salvar a los pecadores (1 Tim. 1:15). Esto te incluye a ti y a mí.

Si estás dispuesto a confesar, pedir a Dios que te perdone, y apartarte de tus pecados, entonces puedes comenzar a experimentar la verdadera libertad en Cristo. La historia cristiana se trata de un Padre celestial que nos persigue incansablemente porque Él quiere vernos a cada uno de nosotros trasnformados por medio del poder de Su gracia.

Sin vergüenza

Ayer conversamos sobre cómo el sacrificio de Jesús posibilita el perdón de nuestros pecados sexuales. También aprendimos cómo Jesús se identifica con nosotros en nuestras pruebas y nuestros sufrimientos porque Él mismo sufrió y fue probado (Heb. 2:15; 4:15). Pero ¿cómo podemos realmente entender la vergüenza que viene de los pecados sexuales?

Jesús sufrió mucho dolor físico durante Su crucifixión. Pero ¿sabías que las víctimas de la crucifixión eran dejadas desnudas para acabarlas de humillar? Con esto en mente, volvamos a Génesis 3, a los momentos después de que Adán y Eva comieron del fruto prohibido.

Lee Génesis 3:7-8 en tu Biblia.

¿De qué se dieron cuenta Adán y Eva justo después de pecar?

¿Cómo respondieron a este descubrimiento?

¿Qué hicieron Adán y Eva cuando escucharon a Dios caminar en el Jardín? ¿Por qué piensas que hicieron esto?

Cuando Adán y Eva pecaron en el Jardín, ellos se escondieron y se cubrieron con hojas de higuera para cubrir su vergüenza. Pero mira lo que hizo Dios en respuesta.

Lee Génesis 3:21.

Dios el SEÑOR hizo ropa de pieles para el hombre y su mujer, y los vistió.

¿De qué estaba hecha la nueva ropa de Adán y Eva?

¿Por qué Dios necesitaría hacer esto posible?

¿Por qué crees que Dios hizo esto? ¿Qué le enseñaría a Adán y a Eva?

Dios intercambió las hojas de higuera de Adán y Eva por ropa de pieles de animal, la cual fue la primera muerte en la Escritura. Pero luego en el acto supremo de la redención, Dios cubrió su desnudez por medio de Su propia desnudez en la cruz. Jesús experimentó voluntariamente la profundidad del pecado humano en la tortura pública, la humillación y la desnudez para que pudiéramos experimentar la libertad de la vergüenza. Jesús no se guardó de nada para pudiéramos ser perdonados.

¿Qué nos enseña esto sobre cualquier vergüenza que podamos experimentar?

¿Cómo debes responder a la culpa y la vergüenza?

EL DISEÑO DE DIOS

COMIENZA

Jesús fue un ser sexual.

¿Cuál es tu reacción inmediata a esta frase?

¿No te parece extraña esta declaración? ¿O hasta hereje? Déjame explicarla. Los cristianos suelen fallar en reflejar cómo la humanidad de Jesús debe informar nuestra comprensión de la sexualidad. Nos enfocamos en la Deidad de Jesús y solemos olvidar que también tenía humanidad como nosotros.

MIRA

Mira el video de la sesión 5. Llena los espacios mientras lo miras. Cuando el ícono aparezca en pantalla, pausa el video. Reproduce el resto del video al final de la discusión grupal.

1. Cuando sabemos por qué hizo Dios el sexo, y lo ________, entonces seremos ______.

2. Parte del propósito del sexo es ______________, ____________, y _______ la tierra.

3. El sexo se trata de ________________ a dos personas —un hombre a su esposa— en una relación ______________.

4. La unión en ______ ________ es una imagen hermosa de nuestra unión eterna con Dios.

5. El ____________ del corazón humano no puede ser _______________ por el sexo.

6. La necesidad más profunda del corazón humano es el relacionarse con___________.

7. ____________ es el contexto en el cual Dios nos ha dado el sexo.

ANALIZA

¿Alguna vez has cuestionado si Jesús —Dios en la carne— era realmente humano? ¿Por qué sí o por qué no?

Jesús no pretendió ser humano; Él no solo se puso un cuerpo humano y se disfrazó en la identidad de hombre. Él se hizo hombre para caminar en la tierra entre Su pueblo.

Lee Hebreos 2:14,17-18 en tu Biblia.

¿«Cuánto» de ser humano tenía Jesús?

¿Por qué se hizo humano Jesús?

La Escritura nos enseña que Jesús era humano en todo aspecto —comía, dormía, era tentado— pero sin pecado. Jesús era ambos: Dios y hombre.

Y esto significa que Jesús, como el resto de nosotros, era un ser humano sexual. Esto no significa que Él era sexualmente activo, pero esto sí significa que Jesús tenía un cuerpo sexual, o tenía características sexuales. Cuando Dios escogió revelarse a nosotros, Él entró a la raza humana con un cuerpo sexual, afirmando la bondad de la sexualidad humana.

Pero Jesús no se detuvo en venir al mundo como un hombre, sino que Él también vino a la naturaleza humana por medio del vientre de una mujer.

¿Por qué crees que es importante que Jesús era hombre y que nació de una mujer?

Es crucial que Jesús naciera de una mujer. La naturaleza de Su nacimiento muestra que la sexualidad humana es buena. Dios hizo a los seres humanos hombre y mujer, y luego anunció que Su creación era «muy buena» (Gén 1:31). Jesús tomó la forma de un varón humano y entró al mundo por medio del vientre de una mujer, confirmando la bendición de la sexualidad masculina y femenina.

Lee 1 Corintios 11:11-12 en tu Biblia.

¿Qué nos enseña esto sobre el rol que tiene el género en el diseño de la humanidad?

Al tomar la carne humana como ser sexual, Jesús afirmó la interdependencia de la sexualidad masculina y la sexualidad femenina; los hombres y las mujeres se necesitan mutuamente para existir. Y al tomar la forma masculina y nacer por medio de una mujer, Jesús afirmó la importancia de la sexualidad masculina y femenina.

Lee Hebreos 4:15 en tu Biblia.

¿Qué tentaciones enfrentas?

¿Cómo te fortalece en tus pruebas el saber que Jesús enfrentó las mismas tentaciones?

Cuando Él se hizo ser humano, Jesús llegó a entender nuestras luchas y ahora nos puede ayudar cuando las atravesamos. Mientras estuvo en la tierra, Jesús experimentó la tentación, incluyendo la sexual. Pero Él resistió sin pecar. Dios entiende las profundidades de nuestras tentaciones y nos promete sostenernos cuando las atravesamos si le pedimos con humildad que nos ayude y si dependemos de Su gracia (1 Cor. 10:13).

Reitero, Jesús no estuvo sexualmente activo, pero Él experimentó el mundo como un ser sexual. Su sexualidad formó cómo Él se relacionó con Su madre, Sus discípulos, y Sus seguidoras. Esto es importante porque demuestra que la sexualidad va mucho más allá que simplemente «tener sexo». Solemos reducir el sexo al acto físico de la penetración, pero nuestra sexualidad involucra mucho más. La sexualidad se refiere a la manera particular en que entendemos y experimentamos el mundo como mujeres y hombres.

¿En qué maneras expresamos nuestra sexualidad aparte de la actividad sexual?

¿En qué manera te relacionas de diferente manera al sexo opuesto?

Reducir la sexualidad al sexo ignora una verdad más profunda sobre lo que significa ser humano. Sea que estemos casados o solteros, activos sexualmente o practicando la abstinencia, todos nosotros estamos diseñados por Dios como seres sexuales. Experimentamos el mundo por medio de la sexualidad.

Ahora que comprendemos la diferencia entre la sexualidad y la actividad sexual, es importante que exploremos el propósito del sexo, la soltería, y el matrimonio.

En la sesión 2, examinamos la diferencia entre la «libertad de» y la «libertad para». La «libertad de» es tener la habilidad de tomar decisiones sin límites. La «libertad para» involucra usar algo de acuerdo a su propósito.

Esto también aplica al sexo.

¿Para qué es el sexo?

De acuerdo a Dios —el creador del sexo— existen tres propósitos principales para el sexo.

EL SEXO ES PARA LA PROCREACIÓN

Para encontrar el primer propósito del sexo, abre tu Biblia y lee Génesis 1:28.

¿Cuál es el primer propósito del sexo?

No nos debe sorprender que el sexo se trate de hacer bebés. Después de crear a los humanos como hombre y mujer, Dios los bendijo diciendo: «Multiplíquense, sean prósperos, llenen la tierra y domínenla». Esto es tanto una bendición como un mandamiento de Dios. Sea que un niño sea el resultado o no, el sexo entre el hombre y la mujer está hecho para producir nueva vida.

EL SEXO TRAE UNIDAD

Lee Génesis 2:24 en tu Biblia.

¿Cuál es el segundo propósito del sexo?

Uno de los aspectos más poderosos del sexo es la habilidad de solidificar la unión de dos personas. Cuando una pareja tiene sexo, algo cambia en su relación. Ellos han entrado a una unidad más profunda que es espiritual y emocional, relacional e incluso hasta bioquímica. (La naturaleza bioquímica es una razón por la cual a los jóvenes les cuesta romper una relación después de estar activos sexualmente). Dios diseñó el sexo para ayudar a unir al hombre y a su esposa para toda la vida.

EL SEXO PRESAGIA EL CIELO

Ahora lee Efesios 5:31-32.

¿A qué se compara el estar casado?

Explica el propósito espiritual del sexo y el matrimonio.

La Biblia comienza con un matrimonio entre Adán y Eva (Gén. 2). Y el apóstol Pablo nos dice que el matrimonio ha existido desde la creación para apuntarnos a la unión misteriosa de Cristo y la iglesia.

Tal y como lo vimos antes, la unión de «una sola carne» entre un hombre y la mujer es una unión que incluye vínculos emocionales, espirituales y físicos. Cuando las personas se enfocan solo en el vínculo físico, ignoran la unión más profunda —la conexión íntima— que ocurre entre dos personas en el acto del sexo.

Aquí hay algo que nuestrs cultura ignora por completo: incluso la vida sexual más maravillosa no puede satisfacer los deseos del corazón humano por amor y conexión. La unión sexual solamente presagia algo mejor en el futuro. Tan maravilloso como suena, la unión sexual en la tierra apunta, anticipa y presagia una unión más profunda que todos experimentaremos en el cielo.

Al saber esto, ¿por qué crees que Satanás está tan deseoso de distorsionar la naturaleza del sexo?

Si Satanás puede confundir a las personas en el sexo, él las puede confundir del cielo. Pero comprender la verdad sobre el propósito del sexo, y orientar nuestras vidas alrededor de ello, nos libera para experimentar el amor, el sexo, y la relaciones como Dios las diseñó.

DÍA UNO

Verdadera felicidad

La obsesión cultural con el sexo hoy ignora su propósito más profundo de presagiar nuestra unión con Dios en el cielo. Desde la música hasta las películas y las redes sociales, el sexo está en todos lados. Desde que nuestra cultura perdió la trascendencia del significado del sexo, muchas personas piensan hoy que el sexo en sí mismo es la ruta a la felicidad.

¿En dónde has visto evidencia de esta enseñanza?

¿Has sido tentado a creerla? ¿Por qué sí o por qué no?

Esta clase de actitud no es nueva. El apóstol Pablo escribió sobre esto hace ya 2000 años.

***Lee* Romanos 1:18-20.**

Ciertamente, la ira de Dios viene revelándose desde el cielo contra toda impiedad e injusticia de los seres humanos, que con su maldad obstruyen la verdad. Me explico: lo que se puede conocer acerca de Dios es evidente para ellos, pues él mismo se lo ha revelado. Porque desde la creación del mundo las cualidades invisibles de Dios, es decir, su eterno poder y su naturaleza divina, se perciben claramente a través de lo que él creó, de modo que nadie tiene excusa.

¿Qué nos enseña esto sobre la ley moral de Dios? ¿Cómo la conocemos?

Describe lo que enseña sobre los que no creen en relación a la ley de Dios.

Ahora, lee los versículos 21-23.

> *A pesar de haber conocido a Dios, no lo glorificaron como a Dios ni le dieron gracias, sino que se extraviaron en sus inútiles razonamientos, y se les oscureció su insensato corazón. Aunque afirmaban ser sabios, se volvieron necios y cambiaron la gloria del Dios inmortal por imágenes que eran réplicas del hombre mortal, de las aves, de los cuadrúpedos y de los reptiles.*

Haz una lista de lo que hizo la gente cuando rechazarón a Dios.

¿Y nuestra cultura? ¿Qué busca en cambio de buscar a Dios hoy?

¿Alguna vez has sido tentado a buscar otras cosas o personas en vez de a Dios? Explica.

Ahora, lee los versículos 24-25.

> *Por eso Dios los entregó a los malos deseos de sus corazones, que conducen a la impureza sexual, de modo que degradaron sus cuerpos los unos con los otros. Cambiaron la verdad de Dios por la mentira, adorando y sirviendo a los seres creados antes que al Creador, quien es bendito por siempre. Amén.*

¿Qué hizo Dios como respuesta al pecado de las personas?

¿Qué nos enseña esto sobre la seriedad del pecado sexual?

Así como en los días de Pablo, en vez de adorar al Creador (del sexo), las personas adoran hoy a lo creado (el sexo). La Biblia llama a esto idolatría. Suena serio, ¿cierto? Es porque así lo es. Rechazar la ética sexual de Dios es un síntoma de un problema mayor dentro de nuestro corazón.

Tres mitos y la verdad

Durante la sesión grupal de esta semana, conversamos sobre los tres propósitos del sexo: procreación, unidad y la anticipación del cielo. Ahora, examinemos los tres mitos sobre el sexo.

MITO #1: EL SEXO NO ES UN ASUNTO SERIO

Planned Parenthood (una organización norteamericana de servicios de control natal) recientemente lanzó un chatbot llamado «Roo» para responder preguntas a los jóvenes sobre el sexo, el embarazo, y otros temas de salud sexual.[1] Una de las preguntas más comunes en su sitio web fue: «¿Cuál es la edad correcta para tener sexo por primera vez?».[2]

¿Cómo responderías a esta pregunta?

La respuesta que Roo dio fue: «Se trata de que tú escojas la edad correcta para ti, la cual puede ser totalmente diferente para otras personas. Puede parecer que todos los que conoces están teniendo sexo, pero eso no es totalmente cierto. La edad promedio cuando la gente tiene sexo por primera vez es alrededor de los 17».[3]

¿Cómo se compara esto a tu respuesta?

¿Qué ignora sobre lo que has aprendido hasta ahora sobre el diseño de Dios para el sexo?

Cuando compartí esto en una escuela, un estudiante de 11 observó que Planned Parenthood asume que el sexo no es un asunto serio. No hay mención del matrimonio, ni del compromiso, ni de los hijos. El sexo es presentado como una actividad completamente dependiente de los sentimientos aislados del individuo. Ellos dicen: Si te sientes listo, hazlo. En el corazón de la revolución sexual está la idea de que el sexo no es un asunto serio; es solo otra actividad lúdica consensual entre adolescentes y adultos. Pero pienso que nosotros entendemos más que ellos.

MITO #2: EL SEXO ES SOLO UN ACTO PRIVADO

Uno de los mantras más comunes de la revolución sexual es que el sexo es 100 % un acto privado consensual entre dos (o más) adultos. Y que no debería haber crítica o regulación en lo que los adultos hagan de manera consensual en lo privado.

¿Piensas que es cierto? ¿Es el sexo un simple acto privado consensual entre dos adultos? Explica.

Nombra algunas consecuencias públicas del sexo.

El sexo no fue hecho para ser un acto público. Está hecho para ser experimentado en privado. Pero es imposible el separar el acto privado del sexo de sus consecuencias públicas. El sexo puede ser practicado en privado, pero es algo que concierne a toda la comunidad. Considera estas consecuencias:

- **Enfermedades de transmisión sexual (ETS)**: De acuerdo al Centro para el Control y Prevención de Enfermedades aproximadamente 20 millones de nuevas infecciones de enfermedades de transmisión sexual ocurren cada año en los Estados Unidos, y la mitad de estas ocurren en poblaciones de jóvenes entre los 15-24.[4] El costo estimado en el sistema de salud es de 16 mil millones cada año. Esta es una carga financiera que todos cargan —activos sexualmente o no.
- **Embarazos no deseados**: El sexo es el medio natural por el cual los humanos procrean. Ya que el sexo tiene el potencial de crear nueva vida —un resultado que afecta a toda la comunidad— no se puede limitar a las paredes de la habitación. El sexo literalmente afecta a todos.
- **Carácter**: Nuestras experiencias sexuales forman profundamente nuestro carácter. El sexo es un asunto serio, y nuestras experiencias sexuales forman el desarrollo de nuestro propio carácter, así que influencian cómo tratamos a otras personas más allá de la habitación.

MITO #3: LA PUREZA QUEDA INTACTA SI NO HAY PENETRACIÓN

¿Qué significa ser «virgen»?

Técnicamente, una persona virgen es alguien que no ha tenido sexo. Pero esta definición saca otras preguntas: ¿y qué de otras actividades sexuales? ¿Descalifican estas a alguien de ser virgen? La actividad sexual con alguien con quien no estás casado siempre estará manchada de culpa y remordimiento porque fue un mal uso del diseño de Dios para el sexo. En cambio, imagina la belleza de la actividad sexual con un cónyuge que será totalmente pura, que no te hace sentir culpable, y que puedes hacer libremente ante Dios porque Él lo celebra. No te contentes con la imitación barata de la actividad sexual sin compromiso. Dios quiere lo mejor para tí.

DÍA TRES

Todo lo puro

Hace algún tiempo tuve una conversación con un chico que me dijo que era virgen. Pero a medida que conversábamos, me di cuenta de que había ido bastante lejos sexualmente con una chica, aunque ellos nunca habían tenido una relación sexual (coito).

Tristemente, este chico adoptó la idea de que cualquier comportamiento sexual era permitido fuera del matrimonio excepto el coito. ¿De dónde habrá sacado esta idea? De la Biblia claramente no.

Génesis 4:1 dice que «Adán conocía a su esposa Eva». En hebreos, la palabra traducida como «conocía» es *yada*. Esta era una expresión común para el coito en el Antiguo Testamento,[5] pero llevaba la idea de una unión más profunda que involucra la mente, el alma y el cuerpo.[6] El entendimiento judío es que el sexo es una actividad holística en la cual el cuerpo no se puede separar de la mente.

Lee 1 Corintios 6:13.

> ***«Los alimentos son para el estómago y el estómago para los alimentos»; así es, y Dios los destruirá a ambos. Pero el cuerpo no es para la inmoralidad sexual, sino para el Señor, y el Señor para el cuerpo.***

Ahora, lee Romanos 6:13.

> ***No ofrezcan los miembros de su cuerpo al pecado como instrumentos de injusticia; al contrario, ofrézcanse más bien a Dios como quienes han vuelto de la muerte a la vida, presentando los miembros de su cuerpo como instrumentos de justicia.***

¿Qué quiere Pablo que los cristianos eviten?

Según Pablo, ¿en qué manera deberíamos usar nuestros cuerpos?

Lee Filipenses 4:8 en tu Biblia.

¿A qué se refiere considerar bien algo?

¿En qué quiere Dios que pensemos?

De todas estas cosas, ¿cuáles son las más difíciles de pensar? ¿Por qué? ¿Cómo puedes cambiar tu enfoque hacia estas cosas hoy?

Estos versículos nos enseñan que Dios quiere que seamos puros en ___________ y ___________.

¿Crees que es posible el estar pensando en «todo lo puro» o «todo lo amable» mientras practicamos cualquier tipo de comportamiento sexual? Si somos honestos con nosotros mismos, creo que sabemos que la respuesta es no.

Dios quiere que cada uno de nosotros sea puro en cuerpo, alma y mente. Él no está interesado en la virginidad técnica, sino en que lo amemos a Él y a otras personas con todo nuestro ser.

SITUACIÓN SENTIMENTAL

COMIENZA

Es posible que te preguntes por qué hablar de la soltería en un estudio sobre el sexo, amor y matrimonio. Después de todo, ¿no es acaso el «ser felices por siempre» la meta del matrimonio?

¿Cuál es tu perspectiva del matrimonio? ¿Crees que será un cuento de hadas? Explica.

¿Tienes la impresión de que casarse es hacer lo «correcto» para el cristiano? Si es así, ¿por qué?

La soltería y el matrimonio son dos vías paralelas para servir y honrar a Dios. Ninguna es mejor o más importante que la otra. Necesitamos a las parejas casadas y a las personas solteras en la iglesia. El apóstol Pablo incluso describió la soltería como un don para la iglesia (1 Cor. 7:7).

¿Qué opinas de la idea de que la soltería es un don?

Cada persona es soltera en algún punto. Si tú eres un joven ahora mismo y quieres casarte algún día, es posible que sigas soltero por algunos años más. Si eres un adolescente más joven, entonces por estadísticas te falta la mitad de tus años para llegar allí. ¡Eso se puede sentir como mucho tiempo!

Piensa específicamente en esta etapa de la vida. ¿Cuáles son algunas maneras particulares en las que puedes honrar a Dios en tu soltería?

MIRA

Mira el video de la sesión 6. Llena los espacios mientras lo miras. Cuando el ícono aparezca en pantalla, pausa el video. Reproduce el resto al final de la discusión grupal.

1. La ________ es muy clara —de principio a fin— en el cual es el diseño de _______ para el sexo y el matrimonio.
2. Desde el principio, Dios hizo el sexo para un _______ y una ____________ quienes se vuelven en una carne para siempre.
3. La ____________ de su pasión era ____________ y no estaba alineada al diseño de Dios.
4. El ____________ de Dios es claro.
5. En última instancia, nuestro ____________ está en amar a ________ y amar a otras ____________.

6. Sea que estés ________ o _________, estamos llamados a amar a Dios y a otras personas.

ANALIZA

Tanto la soltería como el matrimonio pueden ser vías hermosas de amar a Dios y al prójimo. Y el apóstol Pablo lo afirma claramente: ambos son dones para la iglesia.

En 1 de Corintios 7, Pablo les dice a los creyentes de Corinto que le gustaría que fueran solteros como él. «No obstante», él dice, «cada uno tiene de Dios su propio don: este posee uno; aquel, otro» (v. 7). Los dos dones que Pablo menciona aquí son la soltería y el matrimonio. Su punto es que algunas personas tienen el «don» de la soltería —como si fuera una habilidad sobrenatural para estar feliz sin el matrimonio. Pablo enfatiza que ambas la soltería y el matrimonio son dones importantes para construir la iglesia. La soltería es buena. El matrimonio es bueno. Ambos tienen valor y son necesarios para la iglesia.

Leer 1 Corintios 7:32-35 en tu Biblia.

¿Cuáles son las inquietudes de un hombre o una mujer en la soltería?

¿Cuáles son las inquietudes de un hombre o una mujer en el matrimonio?

Nombra los beneficios de que un cristiano no se case.

La soltería y el matrimonio son vías paralelas para servir al Señor. Ambas ofrecen bendiciones únicas, y ambas tienen sus propios desafíos. Sea que estemos solteros o casados, estamos llamados a encontrar nuestra identidad en Cristo y usar nuestro estado civil al servicio del Señor.

Recuerda, la vida no es nuestra. Solemos abordar la vida con la meta de sacar lo máximo de ella. Pero si nos enfocamos en vivir para Dios, entonces no tenemos que preocuparnos de «perdernos» de las cosas de este mundo.

EL PROPÓSITO DE LA SOLTERÍA

Si bien podemos entender que las personas solteras tienen el mismo valor que las personas casadas en la iglesia, ese no siempre es el mensaje que reciben. Así que es importante que recordemos —incluso los jóvenes, y las personas solteras en el ministerio juvenil —que Dios nos ha dado a todos dones para usar y servirle a Él y otros. De todos modos, servir al Señor como una persona soltera puede ser difícil, y hasta desalentador. Todos necesitamos comunión, ánimo, y apoyo para servir al Señor como Él nos ha llamado a hacerlo. Las personas casadas tienen comunión y un sistema de apoyo automáticamente. ¿Pero qué de las personas solteras en iglesia?

Aquí algunos consejos para servir al Señor cuando estás soltero.

- **Desarrolla relaciones sanas**. Necesitamos relacionas sanas con Dios y con otros.
- **Profundiza en la fe**. Cultiva el deseo de vivir en obediencia a Jesús por medio del poder del Espíritu Santo y las disciplinas espirituales.
- **Mira a Jesús como tu ejemplo**. Recuerda: Jesús era verdaderamente humano. Fue tentado como nosotros —incluso la tentación sexual— pero nunca pecó (Heb. 4:15). Jesús entiende totalmente lo que las personas solteras atraviesan en su tentación diaria.

¿Cuáles son algunas maneras en que las personas pueden desarrollar relaciones sanas con otros? ¿Cómo puedes empezar a construir relaciones ahora?

Comparte algunas maneras en que puedes profundizar más en tu fe para vivir en obediencia a Jesús.

¿Cómo puede proveer Jesús un ejemplo perfecto para las personas solteras que sirven a Dios?

Si bien Jesús experimentó tentaciones sexuales, Él nunca tocó inapropiadamente a una mujer ni se permitió con ninguna fantasía sexual. Y Él vivió la vida más plena en cuanto a relación interpersonales.

¿Qué nos dice esto sobre la relación entre la actividad sexual y el tener una vida llena de significado?

La actividad sexual no es necesaria para una vida con sentido y plenitud. Jesús encontró sentido por medio de la obediencia a Dios y en el amor de fieles relaciones con familia y amigos. Él estaba contento siendo soltero y absteniéndose del sexo. La vida de Jesús demuestra algo totalmente contracultural: no se requiere del sexo para tener una vida abundante. Esto era cierto cuando Jesús caminó en la tierra y es cierto hoy.

Piensa en lo que la sesión anterior habló sobre el propósito del sexo. ¿Cómo el sexo presagia el cielo?

La unión de «una sola carne» nos apunta a la suprema realización que todos los creyentes experimentarán con Dios y otros en el cielo. La soltería también presagia de manera sublime el cielo, aunque de una manera diferente.

El destino final de los creyentes es un estado celestial de perfecta comunión. Dado que no habrá pecado, temor ni verguenza, seremos capaces de amar a Dios y a otras personas —para lo cual fuimos hechos— sin ninguna limitación. Ya no seremos tentados a creer que las experiencias sexuales o relaciones humanas por sí solas nos pueden traer la máxima felicidad.

Las personas solteras juegan el rol vital de recordarle a la iglesia que la satisfacción máxima llegará en la resurrección cuando conozcamos a Dios plenamente. Los solteros nos recuerdan que nuestra satisfacción plena se encuentra en el matrimonio, aunque no en el matrimonio con otro ser humano del sexo opuesto. Se encuentra en nuestro matrimonio celestial (como iglesia, la novia) con Cristo (el novio). (Ver Efesios 5:32 y Apocalipsis 19:6-9).

EL PROPÓSITO DEL MATRIMONIO

¿Cuál es el propósito del matrimonio?

Dios diseñó el matrimonio para mostrar Su amor por la iglesia. En el Antiguo Testamento, el matrimonio es una metáfora para describir la relación de Dios con Israel (Jer. 3:14). Dios no tuvo un simple un contrato legal con Israel, sino que Él creó un pacto de amor con ellos que fue manifestado por medio del matrimonio. Es por eso que la infidelidad de Israel a Dios se suele comparar con el adulterio (Jer. 3:6-8).

En el Nuevo Testamento, el matrimonio entre el esposo y la esposa sirve como una imagen de Cristo y Su amor por la iglesia. La unión con el hombre y la mujer demuestra la unión más grande de Cristo y Sus seguidores.

Con esto en mente, ¿por qué la fidelidad en el matrimonio es tan importante?

Los matrimonios infieles —especialmente en la iglesia— distorsionan cómo las personas entienden el amor fiel de Cristo por la iglesia.

Dios también diseñó el matrimonio para mostrar cómo Él se relaciona. Si bien los cristianos creen en un solo Dios, también creemos que Dios existe en tres distintas personas —Padre, Hijo, y Espíritu Santo. Mientras que hay un solo Dios, existen tres personas que comparten la naturaleza divina. Como Padre, Hijo y Espíritu Santo, Dios es un ser relacional en Su propia naturaleza.

¿Qué relevancia tiene esto para nosotros y el matrimonio?

Dios diseñó al matrimonio para que los hijos se desarrollaran para el beneficio de la sociedad. Pero el enemigo quiere dividir a las familias que Dios ha unido. Porque vivimos en un mundo pecaminoso y quebrantado, muchos niños crecen en hogares que lucen diferente de lo que vemos prescrito en la Escritura. Los niños que viven en hogares con una madre y un padre amoroso, y que tienen una relación sana, son menos propensos a abandonar los estudios, abusar de las drogas y el alcohol, intentar suicidarse, y caer en la pobreza. Los niños sin una madre o un padre en el hogar están en riesgo de problemas de salud, académicos, emocionales y de comportamiento. Es cierto que hay individuos que no caen bajo esta categoría, pero en general: a los niños les va mejor en un hogar donde están papá y mamá.[1]

¿Cómo una casa con una madre y un padre que se aman mutuamente sigue el diseño de Dios para el matrimonio y la familia?

EL DISEÑO PARA LAS RELACIONES

Hemos hablado del diseño de Dios para el matrimonio. ¿Cuál es?

Un ______ + una _______ para cada _______

Nuestra cultura no está de acuerdo con el diseño de Dios para el matrimonio. La mayoría de las personas creen que tú deberías amar a quien tú quieres amar, incluso si esto apunta a una persona del mismo sexo. Pero eso no es lo que la Palabra de Dios dice.

La Biblia dice que Dios creó al ser humano «hombre y mujer» (Gén. 1:27), y Él los bendijo en el propósito por el cual los creó, para complementarse (Gén 1:22). Desde el mismo principio, el diseño de Dios ha sido un hombre y una mujer, que se vuelven una carne, para siempre. (Ver Mateo 19:3-5 y Romanos 1:26-27).

Profundizaremos más en esto la siguiente sesión, pero a medida que hablemos del propósito del matrimonio, es importante entender esta pieza fundamental. El matrimonio fue diseñado para la unión entre un hombre y una mujer, no para dos personas del mismo sexo.

¿Cómo esta idea va en contra de los mensajes del mundo alrededor nuestro?

He aquí lo más crucial sobre el matrimonio. El matrimonio no se trata de ti. Y no se trata de tu esposa. El matrimonio se trata del reino de Dios. Cuando entregas tu matrimonio a este propósito myor, y tu esposa también lo hace, experimentas la belleza y la riqueza del buen diseño de Dios.

DÍA UNO

Mitos de la soltería

¿Crees que un cristiano que permanece soltero puede tener una vida plena y significativa? ¿Por qué?

Haz una lista de los beneficios de permanecer soltero.

Haz una lista de los desafíos de permanecer soltero.

Examinemos, entonces, tres mitos que las personas creen sobre la soltería.

MITO #1: LA SOLTERÍA SIGNIFICA NO TENER FAMILIA

Algunos de mis amigos solteros disfrutan la soltería y no quieren casarse. Pero otros sí quieren casarse, pero por alguna razón no se les da. ¿Significa entonces que no tienen familia?

¿Qué piensas tú? ¿Tienen las personas solteras una familia? Explica.

En el Antiguo Testamento, la familia era central para el plan de Dios de llenar la tierra y redimirla. Pero Jesús transforma la naturaleza de la familia en el Nuevo Testamento.

Lee Mateo 12:46-50 en tu Biblia.

Jesús enseñó que nuestra posición no está determinada horizontalmente por la familia natural, sino verticalmente con base en la relación con Dios. Los hermanos y las hermanas en Cristo ahora son más importantes que los hermanos y las hermanas en la familia natural.

Las personas solteras pueden no tener un cónyuge, y la mayoría no tienen hijos biológicos, pero ellos son miembros iguales en la familia de Dios —al lado de las personas casadas. Y así los debemos tratar.

MITO #2: LA SOLTERÍA ES FÁCIL

Para muchas personas jóvenes, la vida adulta soltera puede parecer una aventura emocionante. Vas a donde quieres. Comes lo que quieres. Básicamente, haces lo que quieres, cuando quieres, y cómo sea que quieres. Tú eres el capitán de tu alma.

¿Cómo sueles ver tú la vida soltera?

Pero muchas personas encuentran que la vida soltera sí tiene sus desafíos. Significa no tener una compañía a tu lado, no tener sexo, y no tener hijos. La compañía viene de la amistad, pero las amistades no siempre son tan fieles y comprometidas como la familia.

¿Cómo pueden los solteros encontrar la fuerza para ser fieles? La clave es la misma para los solteros y los casados: buscar la felicidad en Cristo. Ni la soltería ni el matrimonio pueden darte felicidad eterna. La clave es no hacer de la soltería o el matrimonio la fuente de la felicidad, sino buscar a Cristo sin importar nuestra situación sentimental.

MITO #3: LA SOLTERÍA ES MUY DIFÍCIL

En lugar de ver el matrimonio como algo demasiado difícil de tener, muchas personas hoy ven la soltería como el camino más difícil. La soltería se considera hoy en día como difícil (usualmente por la falta de la actividad sexual), y el matrimonio lo consideran como algo fácil.

Pero tanto el matrimonio como la soltería pueden ser difíciles. Inclusive cuando los desafíos del matrimonio y la soltería son diferentes, ninguno es fácil. Pero tampoco son tan difíciles. Muchos jóvenes hoy lo prueban con sus vidas. Aunque ellos son la minoría, estos jóvenes cristianos rechazan la narrativa mundana sobre el sexo y responden al llamado radical de Jesús.

¿Cómo ha desafiado este estudio tu manera de pensar sobre la soltería cristiana?

El diseño del matrimonio

La mejor manera de encontrar el propósito del matrimonio es ir de vuelta al diseño original para el matrimonio (tal como lo hicimos con el sexo). Después de todo, Dios es el único que inventó el matrimonio en primer lugar. Así que, la mejor manera de saber qué esperar para el matrimonio es hacer la pregunta: «¿Para qué es el matrimonio?».

Cómo responderías a la pregunta: ¿para qué es el matrimonio?

Lee Génesis 1:27-28a; 2:24 en tu Biblia.

Estos pasajes nos ofrecen siete pautas importantes sobre la naturaleza del matrimonio.

1. **El matrimonio involucra a cónyuges con igual valor.** A diferencia de otras historias antiguas de la creación, la Biblia considera que las mujeres tienen el mismo valor que los hombres. ¿Te das cuenta de lo radical que es esto? La Biblia comienza con la proclamación de que los hombres y las mujeres llevan igualmente la imagen de Dios. Eva es descrita como la ayuda idónea de Adán (*ezer*) pero esto no implica inferioridad. De hecho, a Dios se le suele describir como nuestro *ezer* (Sal. 30:10). *Ezer* puede significar el defender, apoyar, o el ser un aliado.

2. **El matrimonio fue hecho para ser permanente.** El hombre debe dejar a su padre y su madre y «aferrarse» a su esposa (Gén. 2:24). La palabra hebrea para aferrarse (*dabaq*) conlleva la idea de unirse, vincularse, o enlazarse como una sola carne.[3] Por cierto, la Biblia no fuerza esta idea de la permanencia del amor. Como seres humanos, deseamos mucho el amor permanente. Piensa en todas esas canciones que se escriben y se cantan sobre el amor que debe durar para siempre. El deseo del amor permanente está escrito sobre nuestros corazones en los primeros capítulos de Génesis.

3. **El matrimonio es una institución sexualizada.** De acuerdo a Génesis, Dios diseñó a los hombres y a las mujeres para complementarse mutuamente. Los hombres y las mujeres comparten una humanidad común pero se diferencian en su sexo biológico. El matrimonio no es una institución de dos personas aleatorias, sino de dos personas del sexo opuesto.

4. **El matrimonio está para procrear.** Tal como hemos visto, Dios diseñó el sexo para ser experimentado en el contexto del matrimonio. Y el propósito clave del matrimonio es la procreación, tener hijos. El matrimonio es la institución de Dios diseñada para «multiplicarse y llenar la tierra» (Gén. 1:28).

5. **El matrimonio está para tener compañía.** Génesis describe a la pareja casada como una que se vuelve «una carne» (Gén. 2:24), lo cual significa que ellos se vuelven uno en espíritu, carne, emoción y relación. El matrimonio es una unión completa que incluye una dimensión de relación. Las historias posteriores en Génesis —como las de Abraham y Sara, Isaac y Rebeca, y Jacob y Raquel — soportan la idea de que el matrimonio involucra una compañía profunda.

6. **El matrimonio está hecho para la monogamia.** El hombre está diseñado para dejar a su padre y su madre y «unirse a su mujer» (Gén. 2:24). Cuando el hombre deja la casa de sus padres, él crea un hogar con su esposa. Aunque las figuras del Antiguo Testamento solían tener muchas esposas y fracasaban al vivir este mandamiento, la intención de Dios desde el principio había sido que el matrimonio involucrara un hombre y una mujer.

7. **El matrimonio es bueno.** Tal como lo vimos anteriormente, la procreación no fue un resultado de la caída, sino que fue parte de la buena creación de Dios. Lo mismo es cierto para el matrimonio. Aunque existe mucho dolor y quebrantamiento en cómo las personas experimentan el matrimonio hoy, Dios ha dispuesto al matrimonio como algo «muy bueno» (Gén. 1:31) desde el principio.

¿Se diferencian estas ideas con las perspectivas culturales del matrimonio?

¿Ha cambiado tu perspectiva del matrimonio como resultado de este estudio?

Estas siete pautas son vitales para comprender lo que Dios originalmente diseñó para el matrimonio. Si escoges casarte algún día, recuerda que el matrimonio no se trata de encontrar el secreto del sentido de la vida en tu alma gemela. El matrimonio se trata de algo mucho mayor. Se trata de sacrificarte por tu esposa y tus hijos y mostrar el carácter amoroso de Dios a la iglesia y al resto del mundo.

DÍA TRES

Un diseño claro

Lee Romanos 1:21-27 en tu Biblia.

¿Qué conexión hay entre adorar a los ídolos y rechazar la ética sexual de Dios?

¿Cuáles son las relaciónes «no naturales» que mencionó Pablo?

Al reflexionar en lo que hemos aprendido hasta ahora en este estudio, ¿por qué estos actos no son naturales?

Pablo explicó que así como ir a los ídolos viola nuestro deber de adorar al Creador, ir al comportamiento homosexual viola el diseño natural de Dios para el uso del cuerpo como hombre y mujer.

¿En qué forma el comportamiento homosexual adora y sirve a la creación en vez de al Creador?

SIGNIFICADO MALINTERPRETADO

Muchos de los que abogan por las relaciones del mismo sexo creen que los versículos 26-27 solo se refieren al abuso sexual de los niños.[4] Porque algunos también creen que ciertos hombres y ciertas mujeres nacen con deseos homosexuales, ellos afirman que la unión sexual entre las parejas del mismo sexo es «natural».

Pero Pablo explicó que lo opuesto es verdad: las relaciones sexuales entre los miembros del mismo sexo no son naturales. No son el diseño dispuesto por Dios (Lev. 18:22).

Tal como hemos hablado a través de este estudio, Dios diseñó el matrimonio para un hombre y una mujer de por vida. Cuando Pablo dice «natural» esto es lo que quiso decir.

Nuestros corazones son imperfectos y nuestros deseos no siempre son buenos, o como Marcos 7:20-22 dice: «Luego añadió: —Lo que sale de la persona es lo que la contamina. Porque de adentro, del corazón humano, salen los malos pensamientos, la inmoralidad sexual, los robos, los homicidios, los adulterios, la avaricia, la maldad, el engaño, el libertinaje, la envidia, la calumnia, la arrogancia y la necedad». Es por eso que seguir nuestros deseos en cuestión del sexo, en vez de la ética sexual de Dios, es tan destructivo.

¿Cuándo tus deseos del corazón han resultado perjudiciales para ti?

Otros han afirmado que Pablo estaba condenando la lujuria excesiva, no las relaciones de amor entre personas del mismo sexo. En este pasaje, Pablo dice que las personas estaban «llenas de mutua pasión». Él condenó los actos vergonzosos por sus nombres. ¿Pero por qué? Porque ellos reflejan una negación de la existencia de Dios al violar el diseño claro para los hombres y las mujeres. (Ver Romanos 1:28-21).

El enfoque de Romanos 1 no es sobre la lujuria excesiva, sino sobre la naturaleza idólatra de las personas que han suprimido su conocimiento de Dios, adorando a las cosas en lugar de al Creador. Y ellos rechazaron el diseño natural de Dios de las relaciones sexuales. Pablo apuntó a la creación como el fundamento para la moralidad sexual, tal como lo hizo Jesús.

¿Cuándo has batallado con adorar algo que Dios creó en vez de a Dios mismo?

¿Has puesto algún deseo sexual encima de tu relación con Dios? ¿Qué cambios puedes hacer para poner a Dios primero en cada area de tu vida?

7

LA CUESTIÓN TRANSGÉNERO

COMIENZA

Esta sesión tratará algunos temas culturales difíciles, como el comportamiento sexual y el movimiento transgénero. Si bien abordamos brevemente el comportamiento homosexual en la última sesión, profundizaremos más en esta semana.

La sociedad suele ver las creencias de la iglesia como cerradas de mente, intolerantes, y hasta odiosas. Y probablemente has sentido el dilema de actuar con amor y retener tu compromiso a la verdad bíblica. Como cristianos, siempre debemos estar comprometidos con ambas cosas, incluso si nos cuesta.

¿Has experimentado personalmente un conflicto con la familia o amigos sobre asuntos sexuales o de identidad? Si es así, ¿crees que lo manejaste bien?

Mi esperanza es que este capítulo te equipe para recibir la creencia histórica cristiana del sexo y el matrimonio (que sostuvo Jesús), y vivir esa verdad con amabilidad y gracia hacia otros.

MIRA

Mira el video de la sesión 7. Llena los espacios mientras lo miras. Cuando el ícono aparezca en pantalla, pausa el video. Reproduce el resto al final de la discusión grupal.

1. Ser transgénero es ________________. La intersexualidad es una condición __________, __________.

2. La cuestión transgénero es una ____________ que busca transformar la comprensión cultural del sexo y el género.

3. La Biblia dice que Dios hizo al ser humano a _____ _________.

4. La Biblia sistemáticamente condena __________ los límites sexuales.

5. La Biblia nos da una gran ________ para expresar nuestro sexo biológico.

6. Cuando somos muy ________, facilitamos que las personas que no encajan en nuestros ____________ consideren identificarse como otro género.

ANALIZA

Si tú eres un cristiano que experimenta una atracción al mismo sexo o dilemas de identidad de género, por favor lee estas palabras con cuidado: Dios te ama profundamente. Tú estás hecho a Su imagen y Él desea relacionarse contigo. Por favor recuerda que la gracia de Dios se extiende a ti, ¡sí a ti!. Tú eres amado. Gracias por confiar en mí y en mi voz para guiarte en tu viaje a volverte el hijo de Dios que Él quiere que seas.

COMPORTAMIENTO HOMOSEXUAL

Algunas personas hoy empujan a un «tercer camino» que permite a los cristianos llegar a un «acuerdo en el desacuerdo» sobre la moralidad del comportamiento homosexual. ¿No facilita esto las cosas? Después de todo, la Biblia permite a los cristianos a estar en desacuerdo en una cantidad de temas importantes (Rom. 14:1-12).

¿Tú qué opinas? ¿Deben la iglesia y el mundo simplemente llegar a un acuerdo en el desacuerdo sobre el comportamiento homosexual? ¿Por qué?

La Biblia nunca consideró la inmoralidad sexual un área para llegar a un acuerdo en el desacuerdo. La Biblia aclara que el pecado sexual es extremadamente serio.

El Nuevo Testamento incluye ocho «listas del pecado». A medida que examinamos algunas de ellas juntas, resalta o circula cualquier mención al pecado sexual.

Lee Marcos 7:21-22.

Porque de adentro, del corazón humano, salen los malos pensamientos, la inmoralidad sexual, los robos, los homicidios, los adulterios, la avaricia, la maldad, el engaño, el libertinaje, la envidia, la calumnia, la arrogancia y la necedad.

Ahora, lee Romanos 1:28-31 en tu Biblia.

Ahora, lee Romanos 13:13.

Vivamos decentemente, como a la luz del día, no en orgías y borracheras, ni en inmoralidad sexual y libertinaje, ni en disensiones y envidias.

Lee 1 Corintios 6:9-10 en tu Biblia.

Mira las cuatro listas. ¿Qué pecados hay en común en ellas?

Cada una de estas listas, así como las otras cuatro (Gáll. 5:19-21; Col. 3:5-9; 1 Tim. 1:9-10: Apoc. 21:8), menciona la inmoralidad sexual. En 1 Corintios 6:9, Pablo menciona una lista de actos homosexuales dentro de la clase de pecados que impiden a las personas heredar el reino de Dios. Esto es ciertamente un tema controversial hoy, pero si de verdad amamos a las personas, ¿es propio ablandar las enseñanzas inspiradas de la Biblia?

Desde el principio, Dios diseñó el sexo para ser experimentado dentro de la unión matrimonial de un hombre y una mujer (Gén. 1–2). Jesús afirmó este relato de la creación como el diseño para las relaciones humanas (Mat. 19:3-6). Aunque no fue explícito al mencionar el comportamiento homosexual, Jesús condenó el comportamiento fuera de la relación matrimonial, el cual incluiría el comportamiento homosexual (Marc. 7:21-22).

Lee Romanos 5:8.

> ***Pero Dios demuestra su amor por nosotros en esto: en que cuando todavía éramos pecadores, Cristo murió por nosotros.***
>
> **¿Cómo demostró Dios Su amor? ¿Cuándo murió Él por nosotros?**

¿Qué nos dice esto sobre cómo deberíamos tratar a otros que siguen en sus pecados? Debemos ser buenos amigos y permanecer fieles a la Biblia.

No necesitas decirle alguien que es gay que está viviendo en pecado. En cambio, busca amarlo como Dios nos ama: «cuando todavía éramos pecadores» (Rom. 5:8). Sigamos amando a quienes queremos lleguen a ser creyentes, sea que lo lleguen a ser o no. Los amamos como amigos e individuos hechos a la imagen de Dios. Debemos estar preparados con una respuesta para nuestras creencias, así que compartámoslas =con «amabilidad y respeto» (1 Ped. 3:15) cuando tengamos la oportunidad.

Algunas personas hoy te dirán que la Biblia aprueba las relaciones del mismo sexo. Otros te llamaran odioso si adoptas del diseño de Dios para el sexo y el matrimonio. No lo creas. La verdadera libertad viene al abrazar el evangelio y vivir en obediencia a Cristo, no al rechazar las enseñanzas de Jesús.

Mi oración es que tu vida muestre la fidelidad a la Escritura y la ética sexual de Jesús.

IDENTIDAD DE GÉNERO

Ahora vayamos a otro tema cultural controversial: la identidad de género. Nuestra sociedad está en medio de una revolución del género. Chica. Chico. Mujer. Hombre. Sexo. Género. Estas palabras ya no significan lo mismo para muchas personas hoy, especialmente para los jóvenes.

Antes de profundizar más en este tema, repasemos algunos términos clave del video de la sesión.

¿Qué significa ser transgénero?

¿Qué es la disforia de género?

¿Cuál es la diferencia entre ser transgénero y la disforia de género?

¿De qué se trata el movimiento transgénero?

- Ser transgénero se refiere a la persona que experimenta una incongruencia entre su sexo biológico y su identidad de género. Muchas personas transgénero describen su experiencia como el sentirse atrapados en el cuerpo equivocado.
- La disforia de género describe la angustia psicológica que una persona transgénero experimenta. Si bien la mayoría de las personas con disforia de género se identifican transgénero, otras no. Y no todas las personas transgénero experimentan disforia de género. Ser transgénero es una identidad; la disforia de género es una condición psicológica.
- Ser intersexual se refiere a la persona que experimenta un desarrollo atípico de su anatomía sexual y/o cromosomas sexuales.
- El movimiento transgénero es una ideología que busca transformar la comprensión cultural el sexo y del género. La meta es el desarraigar la idea de que los humanos son seres con designación sexual natural y alejar a la sociedad de ser formada por un binarismo del género (o la manera en que las personas son clasificadas por dos grupos distintos: hombre o mujer).

En última instancia, cómo tú proceses la cuestión transgénero depende de tu cosmovisión. Desde la perspectiva cristiana, existen tres verdades bíblicas para recordar.[1]

- Dios hizo a los seres humanos a Su imagen, hombre y mujer (Gén. 1:27). Así que, los humanos son seres con designación sexual natural.
- La Biblia sistemáticamente condena el cruzar los límites del género (Deut. 22:5). Somos llamados a amar a Dios con nuestros cuerpos y nuestras almas de la manera que Dios las creó.
- La Escritura no es muy explícita en cuanto a lo que significa vivir nuestro sexo biológico. Así que, la expresión del género varía bastante entre las culturas del mundo.

¿Cómo crees que los cristianos deben responder a los temas del género?

He aquí tres pasos que puedes tomar para amar mejor a las personas transgénero.

Motívate en la compasión. La disforia de género es una lucha profunda y dolorosa que suele resultar en lágrimas y angustia. De acuerdo a un estudio de los adolescentes transgénero, 51 % de los chicos transgénero y el 30 % de las chicas transgénero intenta suicidarse.[2] Esto es mucho más alto del promedio de los adolescentes en el bachillerato, el cual es el 7.4 %.[3] Mi oración es que Dios te dé un corazón de compasión por este grupo de personas que Dios tanto ama.

Listos para escuchar, lento para hablar. Jacobo, el hermano de Jesús, dijo: «listos para escuchar, lentos para hablar» (Sant. 1:19). En lugar de buscar «arreglar» a las personas transgénero, enfócate en estar listo para escuchar. Haz preguntas y demuestra interés sincero en sus experiencias de vida. Escucha. Escucha. Escucha. Sé un buen amigo.

Habla la verdad con amabilidad y compasión. Nuestra cultura promueve la confusión de género. Castiga a aquellos que se alejan de la narrativa transgénero. Pero como los apóstoles de Jesús, preocúpate más en obedecer a Dios que de las opiniones del hombre (Hech. 4:18-20; 5:29). Sé firme. Di la verdad. Pero hazlo con una dosis extra de compasión y amabilidad, sabiendo que las personas transgénero, como todas las personas, solo experimentarán libertad por medio de abrazar el diseño de Dios para sus vidas.

¿Cuáles son las pautas principales que sacas de esta lección en materia de comportamiento homosexual y el movimiento transgénero?

¿Cómo podemos amar a aquellos que les atraen las personas del mismo sexo o que están enfrentando disforia de género?

DÍA UNO

Sé auténtico

Miremos a las cuatro listas de pecados que no cubrimos en la sesión grupal.

No todas las personas transgénero o atraídas al mismo sexo están empujando por una agenda. De hecho, muchas de ellas quieren las mismas cosas que la mayoría de las personas quieren: felicidad, relaciones, sentido, libertad, etc. Quieren vivir vidas auténticas así como se ven a sí mismas, sea que sean un género diferente o como alguien que está atraido al mismo sexo.

Ellos también quieren compartir abierta y honestamente contigo, y tú puedes hacer lo mismo con ellos. Yo sé que balancear el amor y permanecer firmes en la verdad no es algo fácil. Pero para seguir el ejemplo de Jesús en estas cosas debes saber lo que la Palabra de Dios dice. Y la Biblia es clara en cuanto a las relaciones del mismo sexo.

Lee Gálatas 5:19-21, Colosenses 3:5-9 y 1 Timoteo 1:9-10 en tu Biblia.

Ahora mira Apocalipsis 21:8.

> ***Pero los cobardes, los incrédulos, los abominables, los asesinos, los que cometen inmoralidades sexuales, los que practican artes mágicas, los idólatras y todos los mentirosos recibirán como herencia el lago de fuego y azufre. Esta es la segunda muerte.***

¿Qué dice cada pasaje sobre aquellos que practican cualquier tipo de inmoralidad sexual?

¿Cuáles versículos especifican los actos homosexuales? ¿Qué dice sobre los que «practican la homosexualidad»?

Puede ser una tentación el esconder la verdad cuando hablas con alguien que le atrae el mismo sexo o transgénero. Pero ser amable y compasivo o ser buen amigo no significa que tengas que esconder la verdad; tú estás llamado a compartirla de la manera de Dios.

Lee 1 Pedro 3:15 en tu Biblia.

Cuando te sientas con un amigo que hace parte de la comunidad LGBTQ, ¿qué haces?

- **Lee, ora, busca.** Lee la Biblia y aprende lo que Dios dice sobre la identidad sexual. Ora por sabiduría cuando enfrentes conversaciones difíciles. Y busca consejo de otros creyentes como tus padres, líderes o pastores.
- **Escucha.** Haz preguntas que muestren un interés genuino por la persona y la lucha que enfrenta, ya que esto muestra amor y compasión.
- **Una vez te abran el corazón, quizás pregunta:** «¿Puedo compartir contigo lo que yo pienso significa ser un seguidor de Jesus? Tal como tú has sido auténtico y abierto conmigo, a mí me gustaría hacer lo mismo contigo». Y luego, con amor y amabilidad, puedes compartir tus pensamientos.

Esto no quiere decir que cada persona reaccionará positivamente o incluso escuchar lo que tienes que decir, pero esta es una manera de permanecer firme en la Escritura a la misma vez que hablas con «mansedumbre y respeto» con quienes creen de diferente manera (1 Ped. 3:15).

No existe una formula real para tener conversaciones difíciles. Este tema del género es complicado. Pero, al final del día, los cristianos debemos ser fieles a la Escritura. Y estamos llamados a alcanzar a quienes están heridos, incluyendo a las comunidades gay y transgénero.

Seamos personas que los aman por el hecho de ser personas hechas por Dios.

Tómate un minuto para pensar sobre la verdad que hemos discutido hoy y a través de esta sesión. ¿Qué verdad compartirías si tuvieras la oportunidad? ¿Cómo la dirías? Quizás puedes tomar unos cuantos minutos para escribir una carta en una hoja separada, expresando tus pensamientos.

DÍA DOS

Buen fruto, mal fruto

Es posible que el argumento emocional más poderoso para afirmar las relaciones del mismo sexo sea la afirmación de que la enseñanza histórica del cristianismo hiere a las personas gay.

En referencia a las enseñanzas de Jesús sobre juzgar al arbol por su fruto (Mat. 7:15-20), algunos afirman que el «fruto» de la enseñanza bíblica histórica es herir, así que la enseñanza misma debe ser corregida. Tristemente, es cierto que las personas LGBTQ se encuentran a menudo solas, en depresión, y con pensamientos de suicidio.[4] Tal realidad debe entristecernos y motivarnos con compasión hacia las personas que Dios tanto ama.

Si a alguien no le agrada la enseñanza bíblica, ¿significa eso que debe ser cambiada? ¿Por qué?

¿Qué opinas sobre la idea de que no afirmar el matrimonio homosexual es un acto dañino y sin amor?

Existen dos problemas con esta afirmación. Primero, no hay evidencia de que la enseñanza tradicional por sí misma haga daño a las personas gay.[5] En mi experiencia, así como la de otros que trabajamos con las personas LGBTQ, las personas gay escogen ir a iglesias que no afirman las relaciones del mismo sexo porque encuentran comunión y enseñanza bíblica auténtica. Generalmente, las personas LGBTQ religiosas están de hecho más felices, y no menos, que las personas LGBTQ no religiosas.[6] El otro problema es que el uso de Mateo 7:15-20 no es correcto.

Lee Mateo 7:15-20.

Cuídense de los falsos profetas. Vienen a ustedes disfrazados de ovejas, pero por dentro son lobos feroces. Por sus frutos los conocerán. ¿Acaso se recogen uvas de los espinos, o higos de los cardos? Del mismo modo, todo árbol bueno da fruto bueno, pero el árbol malo da fruto malo. Un árbol bueno no puede dar fruto malo, y un árbol malo no puede dar fruto bueno. Todo árbol que no da buen fruto se corta y se arroja al fuego. Así que por sus frutos los conocerán.

¿Qué significa que los falsos profetas sean «lobos feroces» disfrazados «de oveja»?

¿De cuál «fruto» está hablando Jesús?

Lee Mateo 7:21-27 en tu Biblia.

Describe lo que hace a alguien sabio.

Nombra las características de una persona insensata.

De acuerdo a Jesús, ¿qué es más importante que hacer buenas obras?

Cuando Jesús dice que juzguemos el árbol por su fruto, Él no está diciendo que somos libres de rechazar las enseñanzas que emocionalmente no podemos seguir. En cambio, Jesús dice que el «mal fruto» es la enseñanza que lleva a las personas hacia la desobediencia y el «buen fruto» nos lleva hacia al arrepentimiento y la obediencia. En los siguientes dos pasajes, Jesús dice que los «hacedores de maldad» (v. 23) no entrarán al reino de Dios, y dice que el hombre sabio que construye su casa sobre la roca es aquel que «oye estas palabras y las pone en práctica» (v. 24).

El argumento del «buen fruto» puede convencer emocionalmente, pero es falso bajo los criterios de la Escritura. Amamos mejor a Dios y al prójimo cuando somos obedientes a Cristo y cuando somos fieles a las enseñanzas verdaderas de la Biblia.

DÍA TRES
¿Cómo hacer la diferencia?

¿Cómo debemos vivir y actuar en una cultura que choca en los temas del género y la identidad? ¿Cómo hacemos la diferencia con gracia y verdad?

Como cristianos, necesitamos tener un cuidado especial para no importar estereotipos del género a nuestras relaciones. Cuando definimos los marcos del género con mucha rigidez, hacemos que las personas que no encajen a los estereotipos consideren unirse al otro género.

Cuando yo les pregunto a las audiencias cristianas quién consideran que es un «hombre masculino» en la Biblia, la mayoría menciona al rey David.

Nombra todas las características y acciones que sepas del rey David.

¿Cuáles consideras «masculinas»?

La mayoría estará de acuerdo en que David fue masculino cuando mató a Goliat. Pero, ¿y qué cuando tocó el árpa y escribió poesía? La Escritura no da indicio de que estas acciones fueran femeninas. David era tanto un guerrero como un poeta.[7]

¿Significa eso que no hay diferencias importantes entre los chicos y las chicas? ¡No!

¿Cuáles son algunas diferencias legítimas entre los hombres y las mujeres que son más que meramente estereotipos del género?

El género es muy importante para el aprendizaje de los niños. El Dr. Leonard Sax apunta: «Intentar entender a un niño sin entender el rol del género en el desarrollo del niño es como intentar entender el comportamiento de un niño sin conocer la edad del niño».[8] De hecho, él considera al género como algo más determinante que la edad en la manera como un niño aprende.

Considera algunas diferencias clave que el Dr. Sax observa entre los chicos y las chicas:

- La chica promedio escucha y huele mejor que el chico promedio.
- Después de pelearse, los chicos tienden a volverse más amigos. Con las niñas, los sentimiendo heridos permanecen.
- Cuando se les da papel y crayones, las chicas tienden a dibujar flores y árboles con muchos colores. Los chicos tienden a dibujar escenas de acción, como con monstruos y extraterrestres.

La ciencia está revelando diferencias importantes que emergen en el desarrollo de la niñez temprana. El no reconocer estas diferencias hace un gran daño a los niños.

¿Cómo afecta esto la manera que ves el movimiento transgénero?

¿Cuáles son algunas pautas prácticas que tú, con tus dones y habilidades, puedes hacer la diferenciar en la iglesia y en el mundo en relación a estos temas culturales difíciles?

Necesitamos que los cristianos jóvenes se conviertan en pastores que ayuden a las personas que luchan contra la disforia de género. Necesitamos que los cristianos jóvenes defiendan los derechos de las personas que desean la libertad de vivir sus vidas y administrar sus negocios de acuerdo con sus convicciones sobre el matrimonio. Necesitamos jóvenes cristianos con el coraje de realizar investigaciones de calidad que demuestren la realidad de las diferencias sexuales. Y necesitamos que los jóvenes se conviertan en comunicadores que usen las redes sociales para ayudar a promover una cosmovisión cristiana.

En otras palabras, necesitamos que los jóvenes se resistan a las ideologías destructivas y se opongan a las ideas no bíblicas y no científicas sobre los fundamentos de la naturaleza humana.

¿Podrías ser tú?

ABUSO Y PORNOGRAFÍA

COMIENZA

Hoy en día hay una triste realidad que me rompe el corazón: tu generación está creciendo con más acceso a la pornografía que cualquier generación anterior. Hoy en día, más personas ven pornografía con regularidad que nunca en la historia, incluyendo hombres, mujeres y niños.[1] Y esto está transformando totalmente la forma en que la gente piensa sobre el sexo, el amor y las relaciones.

Debemos tener especial cuidado en construir nuestra cosmovisión a partir de la Escritura en lugar de las mentiras que irradian de nuestra cultura pornificada.

¿Qué opinas de la pornografía? ¿No es gran cosa? ¿Es pecado ver a alguien participar en actos sexuales aunque no estés involucrado físicamente?

MIRA

Mira el video de la sesión 8. Llena los espacios mientras lo miras. Cuando el ícono aparezca en pantalla, pausa el video. Reproduce el resto al final de la discusión grupal.

1. Recuerda que tu ________ en últimas viene de ser hecho a la imagen de Dios.
2. ______ a alguien.
3. Experimenta _____________ por medio de la verdad bíblica y las relaciones sanas.
4. Mito # 1: _____ __________ no me afecta.
5. Mito # 2: Yo ________ de hacerlo después.
6. Mito # 3: No esto y haciéndole _________ _____ _____________.
7. Jesús te ________________, Jesús te ________________, Jesús te __________, y tú puedes mejorar en esto.

ANALIZA

Tómate un minuto para considerar tres de los mayores mitos actuales sobre la pornografía.

MITO #1: «NO ME AFECTA»

¿Sueles seguir la corriente de tus amigos? ¿O has visto una película de terror y luego has tenido miedo de caminar por tu propia casa en la oscuridad? ¿Qué pasa con las actividades que solías odiar pero en las que ahora participas porque tus amigos lo hacen? Comparte un ejemplo con el grupo.

Aquí está la verdad: cada cosa que tomamos deja una marca en nuestra vida. Porque cada pensamiento que tenemos cambia nuestro cerebro.[2]

La pornografía da forma a la cosmovisión de quienes la ven, y esto es especialmente cierto para los hombres y las mujeres jóvenes que carecen de la sabiduría y el contexto para procesar su experiencia. Aquí está la conclusión: ya sea que te des cuenta o no, ver pornografía modela de manera poco realista tus expectativas, preferencias y prácticas con respecto al sexo. Por ejemplo, la pornografía retrata el sexo fuera del matrimonio como algo emocionante, lo que sutilmente (pero poderosamente) te anima a sentir que está bien. Además, ver pornografía te incita a aceptar la falsa impresión de que «todo el mundo lo está haciendo».

Según un estudio masivo sobre el impacto de la pornografía en Internet en los adolescentes, es más probable que los jóvenes que ven pornografía:

- se distraigan con pensamientos sexuales,
- cedan a comportamientos sexuales,
- abusen sexualmente de alguien,
- tengan inseguridades sobre sus capacidades sexuales e imagen corporal,
- tengan síntomas clínicos de depresión,
- y tengan un número de otros efectos negativos.[3]

MITO #2: «DEJARÉ DE HACERLO DESPUÉS»

Pocas personas se dan cuenta de cuán profundamente la pornografía reconfigura el cerebro y da forma al comportamiento humano. Cuanto más joven es alguien, más el mirar porno da forma al desarrollo del cerebro de esa persona, lo que puede tener un impacto de por vida. Las investigaciones muestran que es mucho más fácil dejar de las apuestas, la adicción al alcohol, la heroína y la cocaína que la pornografía. ¿Por qué? Por lo que le hace a tu cerebro.[4]

En vista de esto, ¿por qué no deberíamos ver pornografía?

Ver pornografía y ser sexualmente activo causa la liberación de la dopamina neuroquímica. El mismo neuroquímico que impulsa la adicción a ciertas drogas se libera al ver pornografía. Al igual que ciertas drogas, la pornografía también eleva la base para experimentar placer a través de la dopamina. Pero a diferencia de las drogas, la «solución» no es más pornografía, sino una mayor variedad. Esta es una de las razones por las que la pornografía puede ser tan adictiva. Para obtener la misma «euforia», la pornografía crea el deseo de una mayor variedad cada vez, lo que a menudo conduce por un camino más retorcido y roto. ¿Puedes ver por qué es tan ingenuo asumir que la puedes controlar? El cerebro simplemente no está construido de esa manera.

¿Cómo desacredita la comprensión de cómo funciona el cerebro el mito de que las personas pueden controlar su consumo de pornografía?

MITO #3: «NO ESTOY HACIÉNDOLE DAÑO A NADIE»

Este es un mito que toma más fuerza. Pero pensemos en esto.

¿A quién le hace daño la pornografía? Sea de manera directa o indirecta, piensa en cuánta gente puede ser afectada.

La pornografía daña a los actores. Miles de exactores han salido a compartir sus historias sobre el lado oscuro de la industria del porno. Las exactrices cuentan historias de abuso verbal, físico y sexual. Los exactores describen la industria del porno como algo que involucra violencia, drogas y enfermedades.[5]

Si bien puedes tener la tentación de pensar que mirar pornografía puede darle vida a una relación, lo contrario es cierto: los matrimonios sufren cuando un cónyuge mira pornografía. Muchos estudios revelan que ver pornografía disminuye la satisfacción, el compromiso y la fidelidad en el matrimonio. A los cónyuges que ven pornografía se les enseña a pensar que hay algo mejor afuera y, como resultado, destruye la salud de su matrimonio.[6]

La pornografía daña a los niños. Debido a que sus cerebros aún se están desarrollando, los mensajes destructivos de la pornografía ponen en peligro un crecimiento saludable.[7] Lamentablemente, también existe una tendencia a que los niños abusen sexualmente de otros niños al representar escenas de sexo pornográficas.[8]

¿Hay alguna consecuencia en ver la pornografía que nunca hayas pensado antes? Si es así, ¿cuál?

Dado el daño que causa la pornografía, es también importante discutir sobre el abuso sexual.

¿Cómo definirías el abuso sexual?

¿Cuáles son algunas formas menos obvias del abuso sexual?

Según la Dra. Kathryn-Scott Young: «El abuso sexual es el abuso de poder por parte de una persona sobre otra persona de manera sexual».[9] Existen diferentes clases de abuso sexual que varían entre insinuaciones sexuales (o sugerencias), ser forzado a ver pornografía, ser tocado de manera inapropiada (incluso encima de la ropa), hasta la violación. Aunque estas acciones suelen tener diferentes efectos en la víctima, es vital darse cuenta de que el abuso es abuso. Sin importar en dónde caiga en la variedad, cualquier abuso sexual perjudica y es ilícito.

¿Cómo puede el abuso sexual perjudicar a las personas?

El abuso sexual perjudica físicamente a las personas. En una investigación para su libro *Healing the Wounded Heart* (Cómo sanar el corazón herido), Dan Allender preguntó a los miembros de un grupo de recuperación cómo el abuso pasado afectó su salud actual. Muchos pudieron identificar dolencias físicas que se remontan a su abuso de años antes. El estrés del abuso sexual, dice Allender, deja el cuerpo de un sobreviviente «vulnerable, susceptible y frágil mucho después de que el abuso ha terminado».[10]

El abuso sexual también daña espiritualmente a las personas. Aquellos que han experimentado abuso sexual tienen más probabilidades de sentirse solos, agotados, deprimidos e incluso suicidas. Muchos sobrevivientes de abuso se preguntan por qué Dios, ya que se supone que es amoroso, podría permitir que eso tan terrible les sucediera. Sin duda, se pueden entender estos sentimientos.

¿Qué le dirías a alguien que ha sido abusado sexualmente?

Si has sido abusado sexualmente, por favor permíteme hablar estas palabras desde mi corazón:

> *Lo siento muchísimo. Mi corazón se duele por lo que te han hecho. No fue tu culpa. Por favor, recuerda que muchos sobrevivientes al abuso sexual, incluyendo mi padre, han experimentado sanidad y libertad. Yo espero que este capítulo sea una parte de un viaje más largo de transformación.*

Si no has sido víctima del abuso sexual, oro para que esta sesión te ayude a educarte y ser más compasivo con quienes sí lo han sido. El problema es muy grande y muy real. Con la pornografía siendo cada vez más común, junto con el aumento del tráfico sexual, el abuso se ha convertido en un problema enorme hoy en día. Todos debemos estar listos para responder con amor y verdad.

¿Por qué es tan difícil hablar del abuso sexual?

¿Cuáles son algunas razones por las que las víctimas no salen a la luz?

La respuesta es simple, pero poderosa: Satanás es astuto. Recuerda, Dios diseñó el sexo para que sea una experiencia hermosa y sensual entre el esposo y esposa. El sexo es parte de la buena creación de Dios. Satanás odia el gozoso placer del sexo y es un asesino comprometido en destruir la vida. Él quiere que los sobrevivientes de abuso sexual se sientan demasiado avergonzados para compartir sus experiencias. Si bien el movimiento #MeToo ha ayudado a las personas para que salgan a la luz, la iglesia todavía tiene un largo camino por recorrer para superar la vergüenza tóxica que experimentan muchos sobrevivientes. La estrategia de Satanás es simple: difundir mentiras sobre el sexo en general, y sobre las víctimas de abuso sexual en particular, para que sean silenciadas y avergonzadas.

¿Cómo puedes ayudar espiritualmente a quien ha sido abusado sexualmente?

Si has sido víctima de abuso sexual, mi oración es que Dios traiga a las personas adecuadas a tu vida para ayudarte a obtener la sanidad que necesitas. Y cuando sea el momento adecuado, oro para que Él te prepare para compartir tu historia con los demás para que puedan ver cómo tu vida puede traer esperanza a la oscuridad que experimentan.

DÍA UNO

Filtros

En el estudio grupal, hemos aprendido algunos mitos sobre la pornografía que nos causan creer que no es para tanto. También hemos aprendido algunas maneras en que la pornografía nos hace daño a nosotros y a otros. Ahora, encontremos maneras de prevenir la adicción a la pornografía.

¿Qué estas haciendo para no caer en las garras de la pornografía?

¿Habrán algunos pasos que debas tomar para prevenirla que no estás tomando? Si es así, ¿cuáles son?

Déjame sugerir algunos pasos prácticos para prevenir quedar atrapados en sus garras.

CREA FILTROS

Añade un filtro en todos tus dispositivos. Seguro, siempre hay maneras de evitar los filtros. Pero estos fácilmente construyen contabilidad natural en tu vida.[11]

Lee 2 Corintios 4:2.

Más bien, hemos renunciado a todo lo vergonzoso que se hace a escondidas; no actuamos con engaño ni torcemos la palabra de Dios. Al contrario, mediante la clara exposición de la verdad, nos recomendamos a toda conciencia humana en la presencia de Dios.

¿Qué debemos hacer sobre los pecados secretos sin tratar?

¿Tienes a alguien para rendir cuentas?

HABLA CON ALGUIEN

Confiesa tus pecados con otro cristiano y experimenta la gracia de Dios. Enterrar el pecado puede crear un ciclo de culpa y vergüenza, pero confesar el pecado trae libertad. Comparte tus luchas con un adulto de confianza y permite que esa persona te anime con la gracia y el perdón de Dios. El simple hecho de hablar de tus tentaciones y fracasos, y experimentar la aceptación y la gracia, puede ayudarte a liberarte de la tentación de la pornografía.

¿Cuáles son algunas razones por las que las personas van a la pornografía?

¿Crees que ver la pornografía siempre se trata de satisfacer una necesidad sexual? ¿Por qué?

COMPARTE TUS HERIDAS

Entiende que el uso de la pornografía es solo un síntoma de un vacío más profundo. Si tienes heridas del pasado, ellas podrían estar alimentando tu hábito. Recuerda: Dios nos diseñó para experimentar relaciones saludables con Él y con otras personas. La pornografía tiene como objetivo satisfacer el buen deseo que Dios nos ha dado con su contrabando de relación ficticia. Abordar el uso habitual de la pornografía debe comenzar con el objetivo de construir o desarrollar relaciones saludables mediante la construcción de conexiones íntimas con Dios y otras personas.

Y cuando desarrollamos relaciones sanas, nos capacitamos para amar verdaderamente.

¿Cuál paso puedes tomar ahora mismo para evitar caer en las garras de la adicción a la pornografía?

El camino a la libertad

Entender cómo Dios ve el abuso sexual hace parte del camino hacia la libertad. Miremos algunas verdades clave reveladas en la Escritura.

LA BIBLIA ES HONESTA SOBRE EL ABUSO SEXUAL

¿Cuáles son algunos ejemplos del abuso sexual que están en la Biblia?

¿Por qué crees que estos relatos terribles quedaron escritos en la Palabra?

La Biblia habla de manera abierta y honesta sobre el abuso sexual. Por ejemplo:

- En el triste día de Sodoma y Gomorra, Lot ofreció a sus hijas a un grupo de hombres que querían violar a sus invitados, y ambas ciudades fueron destruidas por su maldad (Gén. 19).
- El rey David, quien es llamado «un hombre conforme al corazón [de Dios]» (1 Sam. 13:14), usó su poder como rey para tener relaciones sexuales con Betsabé y luego asesinó a su esposo para ocultar su culpa. David pudo haber amado al Señor, pero cometió un grave acto de explotación sexual contra Betsabé.

La Biblia no esconde la realidad del abuso sexual, aun cuando los héroes son los abusadores.

DIOS TIENE UN CORAZÓN POR LOS MARGINADOS

Si bien se esperaba que la nación de Israel cuidara de los necesitados, vemos el corazón que Dios tiene para ellos expresado plenamente en Jesús. Él luchó por los discapacitados, los pobres, los enfermos, los endemoniados, los leprosos y otros que eran considerados marginados de la sociedad.[12]

¿Cómo trató Jesús a los abandonados y marginados?

¿Qué te enseña esto sobre la manera en que debes tratar a los marginados?

Piensa en las sesiones anteriores. ¿Cuáles son algunas razones por las que Jesús tomó forma humana?

JESÚS ENTIENDE

Dios no está distante de nuestro sufrimiento. A través de la persona de Jesús, Dios tomó la carne humana y experimentó todo el peso de la tentación, pero permaneció sin pecado (ver Hebreos 4:15). Dios sabe lo que es ser malentendido, traicionado y humilado. Lo desnudaron y lo crucificaron públicamente. Si bien la Biblia no informa que Jesús fue abusado sexualmente, podemos estar seguros de que siente una profunda empatía por la vergüenza que a menudo sienten los sobrevivientes. Como una de esas sobrevivientes, Mary DeMuth, explica: «Nuestra hermoso y empático Salvador comprende lo que es vivir en este mundo violento y cargado de sexualidad. Él conoce la traición y el dolor físico».[13] Si fuiste abusado sexualmente, Jesús se duele contigo.

¿Qué te dice esto sobre cualquier dolor que hayas sufrido en la vida?

¿Cuáles son algunas maneras con las que puedes ayudarte a sanar las heridas del pasado?

Como seguidores de Cristo, necesitamos ayudar a quienes hayan sufrido del abuso sexual.

Necesitamos que los jóvenes cristianos se conviertan en consejeros que ayuden a las personas a superar los efectos devastadores del abuso sexual. Necesitamos a jóvenes cristianos que trabajen con organizaciones como la Misión de Justicia Internacional que busca poner fin a la esclavitud en todo el mundo, incluida la esclavitud sexual. Necesitamos jóvenes cristianos que se conviertan en cineastas que comuniquen el terror del abuso sexual y cuenten historias poderosas de redención. Necesitamos a jóvenes cristianos que escuchen bien a quienes han sufrido el abuso sexual.

¿Este podría ser tú?

¿Cuáles acciones puedes hacer esta semana para prevenir el abuso sexual o ayudar a quien esté sufriendo por el abuso sexual?

DÍA TRES

Un mayor valor

Tal vez hayas sufrido abuso sexual, o tal vez te gustaría ayudar a alguien que lo haya vivido. Es importante buscar en la Palabra de Dios para animar a quienes han experimentado abuso sexual.

RECONOCE TU IDENTIDAD EN CRISTO

Lee 2 Corintios 5:17.

Por lo tanto, si alguno está en Cristo, es una nueva creación. ¡Lo viejo ha pasado, ha llegado ya lo nuevo!

¿Qué te enseña este versículo sobre lo que tú eres, sin importar qué hayas experimentado en la vida?

¿De dónde viene tu valor?

Recientemente le pregunté a mi papá cómo se convirtió en una persona saludable a la luz de su experiencia con el abuso sexual. Su respuesta me tomó por sorpresa: «Hijo, elegí no verme a mí mismo como un bien usado». En otras palabras, aunque él no podía controlar lo que ese hombre malvado le hizo, podía controlar cómo respondía. Por difícil que fuera, llegó a abrazar la creencia de que su valor brillaba por encima de su abuso. Cuando se convirtió en cristiano, comprendió más profundamente que su valor provenía de su relación con Cristo (2 Cor. 5:17).

A ti tampoco no te define lo que te haya sucedido. Dios dice que eres una creación hermosa y maravillosa, y que él desea mucho relacionarte contigo.

COMPARTE TUS EXPERIENCIAS CON ALGUIEN

Este puede ser un paso aterrador, pero es vital para comenzar el viaje de sanidad del abuso sexual. La gente no hablaba mucho sobre el abuso sexual cuando mi padre era más joven, pero ahora sí lo hacen. Maestros, consejeros, pastores y otros están listos para creer tu historia y ayudarte a superar tu dolor. Es comprensible que sientas miedo y vergüenza por compartir tu historia, pero la única forma de comenzar el viaje de sanidad es abrir tu corazón y compartir con un adulto de confianza.

¿En quién confías con quien puedas hablar de cualquier cosa si necesitas ayuda?

CUENTA TU HISTORIA

Dudo sobre compartir este punto porque no quiero moverme demasiado rápido sobre el dolor y la angustia del abuso sexual. Enfrentar el abuso sexual es un viaje que a menudo lleva toda la vida. Sin embargo, muchos sobrevivientes valientes del abuso sexual han compartido sus historias públicamente y han experimentado el poder de ayudar a los demás. Mi amiga Lisa Michelle, por ejemplo, es una sobreviviente del abuso sexual. Su historia es desgarradora, pero también es un testimonio de cómo Dios puede transformar las vidas más destrozadas.[14] Ahora, ella es una conferencista y fundadora del ministerio *No Strings Attached* (Sin obligaciones), y alcanza a mujeres que trabajan en la industria sexual.

¿Cómo tus experiencias pasadas pueden ayudar a otros?

EL DESAFÍO

COMIENZA

Es comprensible que pienses que es imposible permanecer sexualmente puro en nuestro mundo saturado de sexo. Pero aquí está la conclusión: puedes hacerlo. Sí, puedes seguir el diseño de Dios para el sexo, el amor y las relaciones empezando hoy.

No podemos ser perfectos. La perfección es un estándar imposible y nos preparará para el desánimo, la vergüenza y el fracaso. Pero si nos enfocamos en confiar en Dios y Su gracia en nuestras luchas diarias, y comprendemos que el perdón y el crecimiento son parte del proceso, entonces ¿podemos seguir el diseño de Dios para el sexo, el amor y las relaciones? Por supuesto.

¿Cuáles deben ser nuestras metas diarias en cuanto la pureza sexual?

¿Qué nos debemos decir cuando no cumplimos los estándares de Dios?

Regularmente me encuentro con adolescentes de todo el mundo que aspiran a vivir vidas contraculturales en obediencia a Cristo. Se resisten a la narrativa cultural sobre el sexo y confían en Dios para guiar sus relaciones. ¿Siempre es fácil? No. ¿Se quedan cortos a veces? Sí.

Pero recuerda: tal como vimos en la primera parte de nuestro estudio, hacer cosas difíciles es significativo. Nada que valga la pena es fácil. Puedes unirte al movimiento de jóvenes que eligen vivir sus vidas en obediencia a Cristo.

MIRA

Mira el video de la sesión 9. Llena los espacios mientras lo miras. Cuando el ícono aparezca en pantalla, pausa el video. Reproduce el resto al final de la discusión grupal.

1. Consejo # 1: _________ _____ _____ pones primero seguir el plan de Dios.
2. Consejo # 2: Evita el ___________ y las _________.
3. Consejo # 3: Escoge tus _____________ sabiamente.
4. Consejo # 4: _____________ tus ojos.
5. Consejo # 5: Depende de las _______ _____ __________, no de tus _______ ______.

ANALIZA

Aunque resistir la tentación puede ser difícil, el apóstol Pablo dice que nosotros sí tenemos el poder para resistir.

Lee 1 Corintios 10:13 en tu Biblia.

Cuando tenemos una tentación, ¿qué nos dice esto sobre Dios? ¿Y sobre nosotros?

En otras palabras, Dios es Aquél que, por medio del poder del Espíritu Santo y el amor de otros cristianos, y nos capacita para vivir fielmente. Tú tienes al Dios del universo de tu lado.

Para culminar nuestro estudio, miremos algunas preguntas importantes sobre el sexo, las relaciones, y los temas LGBTQ.

¿Cómo permanezco sexualmente puro?

- Comienza pidiéndole fuerza a Dios, de Sus fuerzas, en vez de depender de las tuyas.
- Construye convicciones sobre por qué estás esperando. Si es necesario vuelve a hacer este estudio y compártelo con otros.
- Encuentra un buen amigo que comparta tus convicciones sobre el sexo, porque tus amigos formarán tus creencias y comportamiento sobre el sexo.
- Sé sabio con tu consumo de los medios de comunicación. Guarda tus ojos y ten cuidado con las películas, la música, y las redes sociales.
- Evita las drogas y el alcohol. El alcohol perjudica el juicio y dificulta la toma de decisiones, una razón por la que siempre acompaña las relaciones sexuales.

¿Qué tan lejos es muy lejos?

En cambio de preguntar cuán lejos puedes llegar, pregúntate cómo debes tratar a tu cita con amor y honra sabiendo que no tienes un vínculo matrimonial.

Considera este principio bíblico en Filipenses 4:18.

Por último, hermanos, consideren bien todo lo verdadero, todo lo respetable, todo lo justo, todo lo puro, todo lo amable, todo lo digno de admiración, en fin, todo lo que sea excelente o merezca elogio.

¿Puedes tomar de la mano a esa persona y tener pensamientos puros? Claro. ¿Puedes abrazar y tener pensamientos honorables? Probablemente. ¿Besar? Bueno, tal vez. ¿Tocar sexualmente? No hay posibilidad. Claramente hay un punto de contacto físico donde tus pensamientos pasarán de honrar y amar al otro a desear un mayor contacto sexual ilícito. Esa es una buena indicación de que has ido demasiado lejos.

¿Crees que permanecer puro sexualmente es irrealista? ¿Por qué?

Dada la obsesión que tiene nuestra cultura por el sexo, ¿es difícil permanecer sexualmente puro hoy? Sí. ¿Ser sexualmente puro puede hacer que te traten de manera diferente que a los demás? Posiblemente. ¿Pero es poco realista? ¡No! Muchos jóvenes de hoy eligen no ser sexualmente activos. No eres un animal que actúa enteramente por instinto. Eres un ser humano, hecho a imagen de Dios, que es libre de amar, pensar y tomar decisiones morales. Cualquiera que te diga que es poco realista esperar está mintiendo. Por la gracia de Dios puedes elegir permanecer sexualmente puro.

¿Qué tiene de malo una noche de pasión?

¿Qué tiene de malo una noche de pasión? ¿Qué tiene que dos personas tengan un encuentro sexual sin comprometerse más en la relación? Bueno, suelen haber consecuencias emocionales, físicas y espirituales.

- **Emocionales**: Ya que el sexo une a dos personas, muchas personas se sienten usadas y vacías después de un encuentro de pasión. El corazón está diseñado para querer más relación.
- **Físicas**: Las consecuencias pueden incluir ETS.
- **Espirituales**: Un encuentro involucra usar a alguien para tu propio placer en vez de amar verdaderamente a esa persona.

Los encuentros importan, y todos lo sabemos.

¿Está bien si salgo con un no creyente?

Lee 2 Corintios 6:14 en tu Biblia.

¿Qué dice sobre salir con una persona incrédula?

Si bien este mandato se da en el contexto de no asociarse con prácticas paganas, conlleva la idea de que los cristianos deben tener mucho cuidado de no conectarse demasiado con los opuestos espirituales. Aunque no todos los cristianos son buenos candidatos para tener citas, y muchos incrédulos son cariñosos y respetuosos, no es prudente salir con alguien que no comparte tus convicciones de fe. Hacerlo puede crear una tensión entre complacer a tu cita y honrar a Dios, razón por la cual la Biblia dice que guardes tu corazón (Prov. 4:23).

¿Cómo puedo sentirme perdonado si he pecado sexualmente?

Es posible que sientas dolor, culpa y vergüenza por el pecado sexual. El primer paso para sentir el perdón es estar seguro de haber confesado tus pecados al Señor y clamar por Su misericordia. La Escritura dice que todos hemos pecado (Rom. 3:23), pero que Dios nos perdonará si se lo pedimos (1 Jn. 1:9) Si has confesado y te has apartado de tus pecados, entonces Él te perdona.

Eres perdonado.

Considera meditar en 1 Juan 2:1 y, el Salmo 103:12 y confesar tu pecado a un líder de confianza, que pueda orar contigo y te anime, y te ayude a sentir el perdón de Dios de primera mano.

Leamos esos versículos juntos ahora.

Lee 1 Juan 2:1 y el Salmo 103:12 en tu Biblia.

¿Qué nos dicen estos versículos de esos momentos cuando sentimos que hemos hecho algo imperdonable?

¿Puedes ser gay y cristiano?

Esto depende de lo que queremos decir con «gay». ¿Puede un cristiano experimentar atracción por personas del mismo sexo? Por supuesto. ¿Puede un cristiano cometer un pecado sexual, incluido el comportamiento homosexual, y ser perdonado? Absolutamente. ¿Puede una persona practicar el comportamiento homosexual y ser cristiano? Eso está más complicado. La Biblia es clara en que el sexo es para un hombre y una mujer en el matrimonio. Y coloca el comportamiento homosexual en la categoría de pecados que impiden que alguien herede el reino de Dios (1 Cor. 6: 9-11) Si bien Dios en última instancia juzga el corazón, la práctica de la conducta homosexual está en desacuerdo con el deseo de Dios para la vida cristiana.

¿Debería una persona cristiana autodesignarse un pronombre preferido?

Los cristianos están divididos sobre esta difícil pregunta. Consideremos ambos lados. Aquellos que apoyan el uso de pronombres preferidos enfatizan la importancia de la relación. A los ojos de muchas personas que son transgénero, no usar su pronombre preferido significa que realmente no te preocupas por ellos. Entonces, usar un pronombre preferido es ser caritativo.

Las personas que se oponen al uso de pronombres preferidos enfatizan el poder de las palabras. Dado que las personas no pueden cambiar biológicamente de sexo, los pronombres preferidos afirman una realidad falsa y distorsionan la verdad. El uso de un pronombre preferido puede dañar tu conciencia, el individuo y el resto de la sociedad. Te animo a debatir esta pregunta con amigos y un adulto de confianza.

Terminemos reflexionando sobre las últimas semanas.

¿Qué es lo más importante de este estudio para ti?

¿Cuál sesión te pareció más desafiante? ¿Por qué?

Con base en todo lo que hemos discutido en este estudio, ¿te sientes seguro en tu habilidad de permanecer puro sexualmente? Si no, busca a un adulto de confianza o una amistad para rendir cuentas y continuar esta conversación.

GUÍA PARA EL LÍDER

CONSEJOS PARA EL LÍDER

Gracias por tu compromiso con los estudiantes, por amarlos bien y guiarlos hacia una relación más profunda con Dios y con los demás. Los temas que cubrimos en este estudio no son fáciles y queremos que sepas que no estás solo en esto. Oramos que tú como líder sigas enseñando con firmeza la verdad sin importar lo que piensen los jóvenes. Y oramos para que los estudiantes crezcan en su comprensión del amor de Dios por ellos y Su diseño para sus relaciones y sexualidad.

ORA

Antes de reunirte prepárate y ora específicamente por los estudiantes de tu grupo antes de cada sesión. Pídele a Dios que prepare a los estudiantes para abordar el tema de cada sesión con madurez y gracia.

PREPÁRATE

No improvises; ve preparado a la sesión. Es probable que los estudiantes tengan preguntas, y estos son temas difíciles. Completa el estudio y mira los videos antes de presentar el material a los jóvenes. Analiza mientras obtienes una vista previa de cada sesión, toma notas y marca áreas específicas de enfoque para el grupo. Considera la edad, la madurez, y las necesidades del grupo antes de abordar los temas. Consulta con el liderazgo de tu iglesia y los padres sobre cualquier pregunta controvertida que pueda cubrirse durante el tiempo de grupo.

Bajo el título «Videos adicionales para líderes: preguntas difíciles», encontrarás videos que te prepararán para responder preguntas difíciles. No están diseñados para mostrárselos a los chicos como material educativo durante las sesiones grupales.

CONTACTA

Motiva a los estudiantes en tu grupo a completar cada día de estudio personal, siguiendo las sesiones grupales. Haz seguimiento en la semana. Considera contactar a los jóvenes para saber por qué orar o explorar más preguntas que tengan y no se sientan cómodos para hacerlas en frente del grupo.

EVALÚA Y HAZ CAMBIOS

Después de cada sesión, piensa en lo que salió bien y en lo que se podría mejorar. Si los estudiantes parecen reacios a abrirse, considera colocarlos en grupos más pequeños mientras discuten el video y el contenido juntos.

SESIÓN 1 | CONFÍA EN DIOS

COMIENZA

Este estudio requiere franqueza y honestidad, así que toma unos minutos para conocer a los jóvenes y ayudarlos a conocerse entre sí. La risa es a menudo una buena manera de ayudar a los chicos a relajarse, así que desafíalos a que nombren (o busquen en Google) una frase cursi cristiana. (Permíteles trabajar en grupos si lo desean). Después de unos minutos, pide a cada estudiante que comparta su nombre y la frase que eligieron o crearon.

Usa la sección «Comienza» en la página 9 para ayudar a los estudiantes a enfocar su atención en el tema de hoy: confiar en Dios.

MIRA

Motiva a los jóvenes a seguir el video de la sesión 1 y llenar los espacios.

Cuando veas el ícono de pausa en pantalla, pausa el video hasta el final de la discusión grupal. Señala cualquier pasaje o las ideas principales que te impacten.

Respuestas: 1) Padre celestial; 2) existe; 3) existencia, bondad; 4) significativas; 5) bueno, mejor

ANALIZA

Usa la sección de Analiza para guiar la conversación con el grupo, profundizando en lo que significa buscar primeramente el reino de Dios. Aquí los puntos principales:

- Los mandamientos de Dios no están para arruinar la diversión, sino crear el mejor espacio para florecer.
- Tenemos un llamamiento más alto y significativo para vivir por Dios y servir a los demás en vez de a nosotros mismos.
- Las personas que nos influencian son aquellas en las que más confiamos. Es importante saber en quién estamos confiando.
- Dios, nuestro Padre celestial perfecto, es digno de toda nuestra confianza.
- Perseguir el mundo conlleva al vacío; perseguir a Dios lleva a la plenitud.

Consejo: Señala que pensamos saber lo que es mejor para nosotros o lo que queremos, pero Dios es el que sabe lo que es mejor.

PREGUNTAS DIFÍCILES

Esta sesión lidia con varios temas difíciles, como la confianza, lo correcto e incorrecto, el discernimiento, y la perseverancia. Una y otra vez, vemos la idea de «¿Por qué esto es importante?». Aquí unas preguntas que los jóvenes pueden tener:

- ¿Por qué es importante si buscamos primero a Dios o a nuestros intereses?
- ¿Por qué es importante que sepamos que existe el bien y el mal?
- ¿Por qué es importante que sepamos cómo distinguirlos?
- ¿Por qué es importante que yo esté firme en las situaciones difíciles?

Consejo: Haz hincapié en que el amor de Dios por nosotros es el fundamento. Como dijo Juan: «Amamos porque él nos amó primero» (1 Jn 4:19). Y, como veremos en la próxima sesión, el amor verdadero significa buscar el beneficio de los demás. Entonces, cuando los chicos pregunten por qué algo importa, este es un buen punto de partida. Cuando sabemos qué es realmente el amor, podemos buscar las cosas que más importan.

Reproduce el último video de la sesión 1. Si los chicos aún tienen preguntas, conéctalos con su pastor o líder de la iglesia.

ORA

- Cierra orando por tu grupo. Ora específicamente por los temas que tocaron esta semana mientras estudiaron lo que significa buscar a Dios primero.
- Recuerda al grupo que complete los tres días de estudio personal para la sesión 1 antes de la siguiente sesión.
- Motiva a los estudiantes a tomarse el tiempo para responder preguntas, incluso si no sienten que tienen las respuestas correctas.
- Asegúrate de conectar con cualquier chico que tenga más preguntas.

SESIÓN 2 | VERDADERA LIBERTAD

COMIENZA

Comienza invitando al grupo a compartir lo que aprendieron durante sus días de Estudio personal de la semana 1. Luego, usa la sección «Comienza» para ayudalo a enfocar la atención en el tema de hoy: verdadera libertad.

MIRA

Motiva al grupo a seguir el video de la sesión 2 y llenar los espacios vacíos.

Cuando veas el ícono de pausa en pantalla, pausa el video hasta el final de la discusión grupal. Señala cualquier pasaje o las ideas principales que te impacten.

Respuestas: 1) deseas, diseño; 2) relacionarnos; 3) libres, diseñadas; 4) desarrollar

ANALIZA

Utiliza esta sección para guiar la conversación con el grupo, profundizando en lo que es la verdadera libertad. Si bien la mayoría estaría de acuerdo con la idea de que la libertad es hacer lo que quieran sin restricciones, la Palabra de Dios nos enseña algo diferente. Aquí están las conclusiones clave:

- Los límites son necesarios para la verdadera libertad.
- La libertad significa vivir de la manera de Dios y cultivar deseos alineados con Su Palabra y Su voluntad.
- Somos incapaces de vivir vidas santas en nuestras propias fuerzas porque el pecado arruinó la humanidad. Gracia a Dios, Él extiende Su gracia a nosotros por medio de Su Hijo, Jesús, y nos capacita para vivir la vida como Él quiere por medio del Espíritu Santo.
- Dios nos hizo para estar en relación con Él y con otros.
- Encontramos verdadera libertad al comprometernos con Su propósito y construir relaciones de amor con otros.

Consejo: Señala que los mandamientos de Dios no se tratan de quitarnos la diversión, sino de crear el mejor espacio para que prosperemos, experimentando la vida abundante que Jesús nos invita a vivir. Considera preguntar al grupo cómo han visto esta verdad en acción en sus propias vidas.

PREGUNTAS DIFÍCILES

En esta sesión, considaremos preguntas sobre la libertad, nuestro propósito, la voluntad de Dios, y los puntos positivos de vivir la ética cristiana sexual. Esta discusión puede hacer surgir las siguientes preguntas:

- Si soy libre, ¿por qué no puedo hacer lo que quiera? Dios me perdonará.
- ¿Cuál es mi propósito en la vida?
- ¿Cómo sé cuál es la voluntad de Dios? Específicamente, ¿cuál es Su voluntad para mí?
- ¿Cuál es el problema de seguir una ética sexual cristiana? ¿No son estas «reglas» un poco anticuadas?
- ¿Qué significa amar a Dios y a los demás con mi cuerpo y alma?
- ¿Por qué debería mantenerme comprometido con un Dios que no parece querer que disfrute de la vida?

Consejo: Asegúrate de señalar que alejarse de Dios no significa caminar hacia la libertad. Una pregunta clave podría ser: ¿por qué el diseño radical de Dios para las relaciones es tan difícil de entender para el mundo y se seguir para nosotros?

Reproduce el último video de la sesión 2. Si los chicos aún tienen preguntas, acércalos con su pastor o líder de la iglesia.

ORA

- Cierra orando por tu grupo. Ora específicamente sobre los temas que los han impactado esta semana a medida que han estudiado lo que significa ser verdaderamente libre.
- Recuerda al grupo que complete los tres días de estudio personal para la sesión 2 antes de la próxima sesión grupal.
- Anima al grupo a tomarse su tiempo con las preguntas, incluso si no sienten que tienen todas las respuestas correctas.
- Asegúrate de comunicarte con los estudiantes que puedan tener más preguntas.

SESIÓN 3 | AMOR REAL

COMIENZA

Comienza invitando a los jóvenes a compartir lo que han aprendido en sus días de estudio personal de la semana 2. Luego, utiliza esta sección para ayudarlo a enfocar la atención en el tema de hoy: amor verdadero.

MIRA

Invita a los chicos a seguir el video de la sesión 3 y llenar los espacios vacíos.

Cuando veas el ícono de pausa en pantalla, pausa el video hasta el final de la discusión grupal. Señala cualquier pasaje o las ideas principales que te impacten.

Respuestas: 1) Nutrir, madurez; 2) Cuidar; 3) Amar 4) comprometido, a pesar; 5) mejor; 6) amables, misericordiosos, amorosos; 7) verdad, verdad

ANALIZA

Utiliza esta sección para guiar la conversación con tu grupo, profundizando más en lo que es el amor verdadero. Aquí las mayores conclusiones:

- El amor es más que una emoción. Es una acción que involucra cuerpo y alma, y un cuidado especial por otros.
- Amar significa proteger y proveer.
- Los mandamientos de Dios de reservar el sexo para el matrimonio nos protegen física, emocional, y espiritualmente, y nos dan libertad en las relaciones.
- Es importante tener un balance entre hablar la verdad y hacerlo con amor, en vez de querer aparentar o mostrar inteligencia.
- La manera de vestir debe honrar a Dios y crear un ambiente de amor con otros.

Consejo: Una pregunta clave que ayuda al grupo en este tema: ¿cómo puedo amar a Dios y a otros bien hoy?

PREGUNTAS DIFÍCILES

El amor verdadero llama a los jóvenes a tomar decisiones difíciles, especialmente en cuanto a temas con poca claridad en el «cómo hacerlo» en la Biblia. Por ejemplo:

- ¿Qué significa realmente ser modesto y puro?
- ¿Qué significa honrar a Dios con mi cuerpo?
- ¿Lo que visto y lo que hago es realmente importante?
- ¿Cómo renuevo mi mente?
- ¿Cómo hablo la verdad en amor a alguien con quien no estoy de acuerdo?

Consejo: Recuerda al grupo que, aunque la Biblia no habla específicamente de cada escenario que puedan enfrentar, Dios sí da algunas pautas generales que pueden ayudarnos a descubrir la mejor manera de actuar.

Reproduce el último video de la sesión 3. Si los chicos aún tienen preguntas, animarlos a ir con su pastor o líder de la iglesia.

ORA

- Cierra orando por el grupo. Ora específicamente por los temas que tocaron en la semana y lo que han estudiado sobre cómo amar y honrar a Dios y a otros con su cuerpo y alma.
- Recuerda a los jóvenes que completen los tres días de estudio personal en la sesión 3 antes de la próxima sesión grupal.
- Motiva al grupo a tomarse el tiempo con las preguntas, incluso si no sienten que tienen las respuestas correctas.
- Asegúrate de acercarte con cualquier jóven que tenga más preguntas.

SESIÓN 4 | LA GRACIA DE DIOS

COMIENZA

Comienza invitando al grupo a compartir lo que aprendieron durante su estudio personal de la semana 3. Luego, usa esta sección para ayudarlos a enfocarse en el tema: la gracia de Dios.

MIRA

Invita a los chicos a seguir el video de la sesión 4 y llenar los espacios vacíos.

Cuando veas el ícono de pausa en pantalla, pausa el video hasta el final de la discusión grupal. Señala cualquier pasaje o las ideas principales que te impacten.

Respuestas: 1) ofensivo; 2) evangelio, necesita; 3) juzgamos, no cristiana, perdonado; 4) desconsiderados, gracia; 5) murió por, perdona

ANALIZA

Utiliza esta sección para guiar la conversación con tu grupo, profundizando más en la gracia de Dios y lo que significa para nosotros. Aquí los puntos principales:

- Antes de que puedan comenzar a entender el diseño de Dios para el sexo y las relaciones, los jóvenes necesitan entender por qué necesitan la gracia de Dios y el perdón.
- La comprensión de nuestro propio pecado y la necesidad del perdón influencia mucho en la manera que interactuamos con otros.
- Las mentiras de Satanás infectan la buena creación de Dios, causando que dudemos la bondad de Dios y Su deseo por nuestro bien.
- No podemos medir las palabras de Dios con los sentimientos, pues Satanás suele distorcionar las palabras de Dios. En cambio, necesitamos usar la Palabra de Dios como la medida de nuestros sentimientos.

Consejo: Es importante que enfaticemos a los jóvenes que sin importar lo que hayan hecho, sexualmente o no, el perdón de Dios está disponible.

PREGUNTAS DIFÍCILES

Esta sección explora preguntas difíciles sobre la gracia de Dios para nosotros, la gracia de Dios por otros, y cómo nuestra comprensión de ambas afecta nuestras relaciones. Aquí unos ejemplos de preguntas que los jóvenes pueden hacer:

- ¿Cuál es el problema de tener sexo con alguien sin casarse, si estamos de acuerdo?
- ¿No es el objetivo final de la vida encontrar una buena pareja sexual y casarse?
- ¿Es el sexo el peor pecado? Si ya he tenido sexo, ¿Dios me perdonará?
- ¿Cómo puedo superar la culpa y la vergüenza que siento por mi pecado sexual?

Consejo: Motiva al grupo con la verdad de que Dios los ama y los perdona cuando lo buscan con arrepentimiento, sin importar cuál sea su pecado.

Reproduce el último video de la sesión 4. Si los chicos aún tienen preguntas, anímalos a hablar con su pastor o con algún líder de la iglesia.

ORA

- Termina orando por tu grupo. Ora específicamente sobre los temas que han tocado esta semana a medida que han estudiado nuestra necesidad de perdón y la gracia de Dios.
- Recuerda a los jóvenes que completen los tres días de estudio personal para la sesión 4 antes de la próxima sesión grupal.
- Anima a los jóvenes a que se tomen su tiempo con las preguntas, incluso si no sienten que tienen todas las respuestas correctas.
- Acércate a los estudiantes que tengan más preguntas.

SESIÓN 5 | DISEÑO DE DIOS

COMIENZA

Comienza invitando al grupo a compartir lo que aprendieron durante su estudio personal de la semana 4. Luego, usa esta sección para ayudarles a enfocarse en el tema: el diseño de Dios para las relaciones.

MIRA

Invita a los chicos a seguir el video de la sesión 5 y llenar los espacios vacíos.

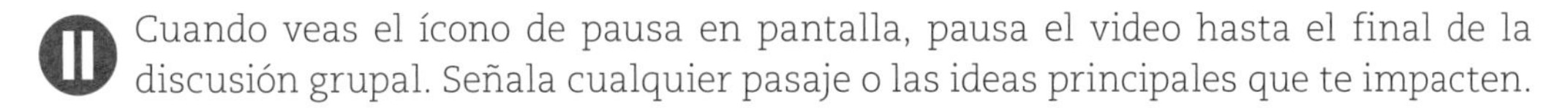
Cuando veas el ícono de pausa en pantalla, pausa el video hasta el final de la discusión grupal. Señala cualquier pasaje o las ideas principales que te impacten.

Respuestas: 1) abrazamos, libres; 2) procrear, multiplicarse, llenar; 3) unir, permanente; 4) una carne; 5) deseo, satisfecho; 6) conocer, conocido; 7) El matimonio

ANALIZA

Utiliza esta sección para guiar la conversación con tu grupo, profundizando más en el diseño de Dios para las relaciones. Aquí los puntos principales:

- Todos los seres humanos son seres sexuales, ya sean sexualmente activos o no, y todas las personas fueron creadas para las relaciones, ya sea que estén solteras, saliendo o casadas.
- Cuando Dios hizo a las personas a Su imagen, esto incluyó tejer en nosotros el deseo de tener una relación con Él y con los demás. De hecho, nuestro propósito es vivir en una relación amorosa con Dios y con los demás.
- Aunque Jesús nunca fue sexualmente activo, fue humano como nosotros y fue tentado como nosotros (Heb. 4:15). Jesús tenía una relación con Dios y amistades con otros, y Él modela la mejor manera para que tengamos relaciones sanas y piadosas.

Consejo: Sé honesto con los jóvenes sobre el propósito del sexo, cómo enfrentar la tentación, y cómo seguir a Dios lo cambia todo.

PREGUNTAS DIFÍCILES

Dios nos creó para relacionarnos con Él y con otros, pero es posible que los jóvenes luchen en entender cómo luce esto. Algunas dudas pueden incluir:

- ¿Qué tiene que ver una buena relación con Dios con nuestra sexualidad?
- ¿No es el sexo la clave para ser feliz? Si es así, ¿por qué la Biblia tiene tantas reglas al respecto?
- El sexo no es la gran cosa, ¿verdad?
- ¿Por qué debo preocuparme por la pureza si no estoy teniendo relaciones sexuales?

Consejo: Asegúrate de que los estudiantes sepan que el sexo es muy importante. Dios lo creó como una imagen de la unidad que algún día experimentaremos con Él. Este también sería un buen momento para recordar la sesión 2, «Verdadera libertad». Cuando se acatan los mandamientos de Dios sobre el sexo, estos nos permiten experimentar el sexo verdaderamente satisfactorio en el matrimonio, tal como fue diseñado.

Reproduce el último video de la sesión 5. Si los chicos aún tienen preguntas, dirígelos con su pastor o líder de la iglesia.

ORA

- Cierra orando por el grupo. Ora específicamente por los temas que han tocado esta semana mientras estudiaban el diseño de Dios para las relaciones.
- Recuerda a los jóvenes que completen los tres días de estudio personal para la sesión 5 antes de la próxima sesión grupal.
- Anima a los estudiantes a que se tomen su tiempo con las preguntas, incluso si no sienten que tienen todas las respuestas correctas.
- Tómate el tiempo necesario con las personas que tengan más preguntas.

SESIÓN 6 | SITUACIÓN SENTIMENTAL

COMIENZA

Comienza invitando al grupo a compartir lo que aprendieron durante su estudio personal de la semana 5. Luego, usa esta sección para ayudarlo a enfocarse en el tema: la soltería y el matrimonio.

MIRA

Invita a los chicos a seguir el video de la sesión 6 y llenar los espacios vacíos..

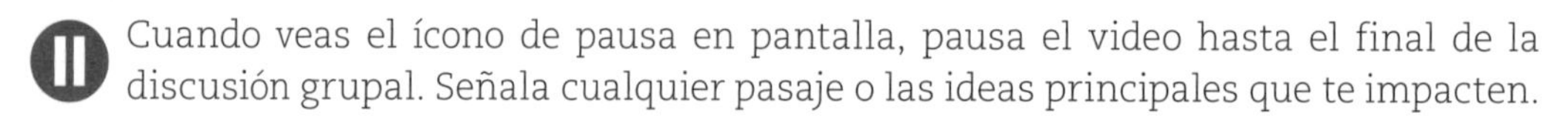

Cuando veas el ícono de pausa en pantalla, pausa el video hasta el final de la discusión grupal. Señala cualquier pasaje o las ideas principales que te impacten.

Respuestas: 1) Biblia, Dios; 2) hombre, mujer; 3) dirección, deshonrosa; 4) diseño; 5) contentamiento, Dios, personas; 6) soltero, casado

ANALIZA

Utiliza esta sección para guiar la conversación con tu grupo, profundizando más en lo que Dios dice sobre la soltería y el matrimonio. Aquí los puntos principales:

- Podemos amar a Dios y a los demás tanto como solteros tanto como personas casadas; ambos son dones que pueden usarse para servir a Dios y a la iglesia.
- No importa si eres soltero o casado, tu identidad descansa en Cristo.

- El sexo no es necesario para una vida plena.
- Puedes encontrar significado en tu relación con Dios y con los demás, tal como lo hizo Jesús.
- Dios diseñó el sexo para que un hombre y una mujer se convirtieran en una sola carne para toda la vida.

Consejo: Ayuda a los estudiantes a enfocarse en la verdad: no importa a quién o qué no tengan, su contentamiento en la vida proviene de Jesús. Desafía al grupo preguntándoles cómo Jesús los ha ayudado a permanecer contentos, sea cual sea el estado de su relación.

PREGUNTAS DIFÍCILES

La cultura nos dice que una gran parte de nuestra felicidad proviene de estar en una relación romántica, pero eso no es cierto. Tanto la soltería como el matrimonio vienen con sus propias luchas. Algunas de estas preguntas pueden surgir del estudio:

- Si nunca me caso, ¿significa eso que no seré tan valioso a los ojos de la iglesia?
- ¿Los solteros realmente tienen familia?
- ¿Qué tiene de bueno el matrimonio? Si soy soltero, puedo ir a donde quiera y hacer lo que quiera sin que nadie me detenga.
- ¿Pueden las personas solteras ser felices sin nunca tener relaciones sexuales?
- Si estoy enamorado de alguien del mismo sexo, ¿por qué no puedo salir o casarme con esa persona?

Consejo: Esta sesión comienza presentando temas difíciles. Toma tu tiempo repasando la lección y leyendo más recursos o buscando a tu pastor si es necesario. No improvises. Responde las preguntas con amor genuino y compasión.

Reproduce el último video de la sesión 6. Si los chicos aún tienen preguntas, dirígelos con su pastor o líder de la iglesia.

ORA

- Cierra orando por el grupo. Ora específicamente por los temas que han tocado esta semana al discutir el diseño de Dios para la soltería y el matrimonio.
- Recuerda a los estudiantes que completen los tres días de estudio personal para la sesión 6 antes de la próxima sesión grupal.
- Anima a los jóvenes a que se tomen su tiempo con las preguntas, incluso si no sienten que tienen todas las respuestas correctas.
- Asegúrate de conectar con los estudiantes que puedan tener más preguntas.

SESIÓN 7 | LA CUESTIÓN TRANSGÉNERO

COMIENZA

Comienza invitando al grupo a compartir lo que aprendieron durante su estudio personal de la semana 6. Luego, usa esta sección para ayudarlo a enfocarse en el tema: el movimiento transgénero y el homosexualismo.

MIRA

Invita a los chicos a seguir el video de la sesión 7 y llenar los espacios vacíos.

Cuando veas el ícono de pausa en pantalla, pausa el video hasta el final de la discusión grupal. Señala cualquier pasaje o las ideas principales que te impacten.

Respuestas: 1) psicológico, física, biológica; 2) ideología; 3) Su imagen; 4) cruzar; 5) libertad; 6) rígida, estereotipos

ANALIZA

Utiliza esta sección para guiar la conversación con tu grupo, profundizando más en las conversaciones difíciles sobre el comportamiento homosexual y las cuestiones de identidad de género. Aquí los puntos principales:

- Aunque la sociedad puede ver la perspectiva de los cristianos del matrimonio como obsoleta, intolerante y odiosa, tenemos que aprender a equilibrar entre hablar la verdad bíblica y amar a los demás.
- Dios ama profundamente a todas las personas, incluidos aquellos que luchan con la atracción por el mismo sexo o con problemas de identidad de género. La inmoralidad sexual no es un tema de acuerdo o desacuerdo. La Biblia es clara en que es un pecado.
- Todas las personas, incluidas las personas homosexuales y transgénero, solo experimentan la verdadera libertad cuando aceptan el diseño de Dios para sus vidas.
- Amamos más a Dios cuando permanecemos fieles y caminamos en obediencia a lo que enseña la Biblia.
- Aunque existen diferencias significativas entre los géneros, definir las casillas de género de manera demasiado rígida puede hacer que algunos cuestionen su identidad de género.

Consejo: Es posible que haya estudiantes que no encajen bien en tu estereotipo de género, lo que significa que algunas chicas pueden disfrutar viendo fútbol y algunos chicos realmente pueden tener buen ojo para el diseño de interiores. Afirma al grupo que eso está bien. Aunque hay dos géneros distintos, la definición de lo que es masculino y femenino varía; varias culturas definen estas características de manera diferente.

Estamos llamados a abrazar la verdad de que somos seres sexuales y que Dios nos diseñó así, pero la Escritura nos da libertad en el cómo expresar nuestro sexo biológico.

PREGUNTAS DIFÍCILES

La conversación sobre los comportamientos homosexuales y los problemas de identidad de género es difícil. El mundo y los medios de comunicación comparten un diseño de relaciones completamente diferente al de la Palabra de Dios. Hay mucha confusión en torno a las relaciones entre personas del mismo sexo y el género. Estos son algunos de los tipos de cosas que los estudiantes pueden querer saber:

- ¿Dios todavía me ama si lucho con la atracción por el mismo sexo o con problemas de identidad de género?
- ¿Qué pasa si no encajo con el estereotipo de mi género?
- ¿Cómo puedo compartir mis creencias de manera amable y respetuosa con personas que piensan de manera diferente?
- ¿Cómo puedo mantener el equilibrio entre la verdad bíblica sobre la sexualidad y el género y el amar a los demás?
- ¿Debo usar un pronombre de género preferido para las personas transgénero?

Consejo: El video de cierre y la sesión 9 profundizarán en la pregunta de los pronombres de género en un nivel más profundo. Por ahora, enfatiza que esta conversación no se trata de tener la «razón», sino de construir una relación con esta persona que debemos amar como Jesús.

Reproduce el último video de la sesión 7. Recuerda al grupo que una amistad con alguien que se siente atraído por el mismo sexo puede no ser tan fácil y directa como la que se describe en el video. Si los estudiantes aún tienen preguntas, dirígelos con un pastor de confianza o líder de la iglesia.

ORA

- Cierra orando por tu grupo. Ora específicamente por los temas que han tocado esta semana al hablar sobre el comportamiento homosexual y el movimiento transgénero.
- Recuerda a los chicos que completen los tres días de estudio personal para la sesión 7 antes de la próxima sesión grupal.
- Anímalos a que se tomen su tiempo con las preguntas, incluso si no sienten que tienen todas las respuestas correctas.
- Asegúrate de acercarte a con quien tenga más preguntas.

SESIÓN 8 | ABUSO Y PORNOGRAFÍA

COMIENZA

Comienza invitando al grupo a compartir lo que aprendieron durante su estudio personal de la semana 7. Luego, usa esta sección para ayudarlos a enfocarase en el tema: el abuso y la pornografía.

MIRA

Invita a los chicos a seguir el video de la sesión 8 y llenar los espacios vacíos.

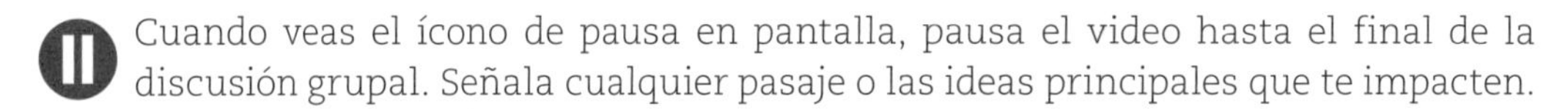

Cuando veas el ícono de pausa en pantalla, pausa el video hasta el final de la discusión grupal. Señala cualquier pasaje o las ideas principales que te impacten.

Respuestas: 1) valor; 2) Cuéntaselo; 3) sanidad; 4) La pornografía; 5) dejaré; 6) daño a nadie; 7) perdona, restaura, ama

ANALIZA

Utiliza esta sección para guiar la conversación con tu grupo, profundizando más en el daño causado por el abuso sexual y la pornografía, y la sanidad que Dios puede traer. Aquí los puntos principales:

- Todo lo que recibimos nos cambia de alguna manera. Incluso se ha demostrado que la pornografía reconfigura el cerebro.
- La pornografía crea expectativas y opiniones poco realistas sobre el sexo.
- La pornografía daña a los actores, los matrimonios y los niños.
- Todo abuso sexual es dañino e ilícito.

Consejo: Para los estudiantes que luchan con la adicción a la pornografía, consulta el día 1 de estudio personal. Anímalos a agregar un filtro a sus teléfonos; refiéreles hacia un adulto de confianza, como un pastor o un consejero, con quien puedan hablar sobre sus luchas; y ayúdalos a ver maneras en que pueden tener relaciones saludables que honran a Dios.

También es importante saber que cualquier persona que trabaje con niños o adolescentes de forma regular se considera un informante obligatorio. Ser un informante obligatorio significa que debes:

- Informar cualquier abuso conocido o sospechado, incluido el abuso sexual, y si trabajas con estudiantes, la responsabilidad de informarte lo incluye a ti.
- No eres responsable de proporcionar pruebas de abuso, pero debes poder explicar por qué sospechas el abuso.
- El método y el proceso para denunciar varían según el país, pero debes

comenzar comunicándote con una autoridad local, como la policía o los servicios de protección infantil. La mayoría de los países también tienen un número específico para llamar y denunciar el abuso.[1] A veces, después de comunicarte directamente con una agencia, también te pedirán que presentes una declaración por escrito.

PREGUNTAS DIFÍCILES

El contenido de esta sesión (adicción a la pornografía y abuso sexual) puede incomodar a algunos estudiantes o hacer surgir sentimientos dolorosos a otros. Aunque es posible que no pregunten frente al grupo, prepárate para que hagan preguntas como:

- Si soy adicto a la pornografía, ¿cómo puedo romper el ciclo?
- ¿Cómo pueden las relaciones sanas ayudarme a sanar de la adicción a la pornografía o del abuso?
- Me abusaron sexualmente cuando era niño, y siento mucha culpa y vergüenza. ¿cómo salgo adelante en mi caminar con Dios?
- ¿Cómo puedo ayudar a quienes han sido abusados sexualmente?
- ¿Qué pasa si yo estoy siendo víctima de abuso ahora? ¿Y si lo está siendo un desconocido?

Consejo: Sé un lugar seguro. Es posible que los jóvnenes no se sientan cómodos haciendo algunas de estas preguntas frente al grupo. No los presiones a compartir por el bien de la responsabilidad o el apoyo. Crea un entorno en el que ellos se sientan seguros para compartir y prepárate para hablar con ellos sobre algunas de estas cosas fuera del tiempo grupal. Tienes que decidir caso por caso a quién involucrar, pero es posible que debas hablar con los padres del joven, un pastor o un consejero. Si el joven se siente más cómodo de esta manera, ofrece acompañarlo para mostrar tu apoyo.

Reproduce el último video de la sesión 8. Si los chicos aún tienen preguntas, conéctalos con su pastor o líder de la iglesia.

ORA

- Cierra orando por tu grupo. Ora específicamente por los temas que han tocado esta semana al hablar sobre el abuso sexual y la pornografía.
- Recuerda a los jóvenes que completen los tres días de estudio personal para la sesión 8 antes de la próxima sesión grupal.
- Anima a los estudiantes a que se tomen su tiempo con las preguntas, incluso si no sienten que tienen todas las respuestas correctas.
- Muéstrate ahí para los estudiantes que puedan tener más preguntas.

SESIÓN 9 | EL DESAFÍO

COMIENZA

Comienza invitando al grupo a compartir lo que aprendieron durante su estudio personal de la semana 8. Luego, usa esta sección para ayudarlos a enfocarse en el tema: un desafío a vivir la ética sexual de Jesús.

MIRA

Invita a los chicos a seguir el video de la sesión 9 y llenar los espacios vacíos.

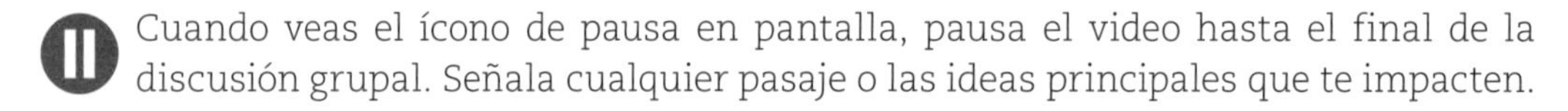
Cuando veas el ícono de pausa en pantalla, pausa el video hasta el final de la discusión grupal. Señala cualquier pasaje o las ideas principales que te impacten.

Respuestas: 1) Recuerda por qué; 2) alcohol, drogas; 3) amigos; 4) Protege; 5) fuerzas de Dios, propias fuerzas

ANALIZA

Utiliza esta sección para guiar la conversación con tu grupo, profundizando más en lo que significa vivir verdaderamente la ética sexual de Jesús. Aquí los puntos principales:

- Dios nos da la fuerza y el camino para escapar la tentación.
- Seguimos el modelo de respuesta de la tentación de Jesús —con la Biblia.
- Es posible permanecer sexualmente puro, incluso en nuestra cultura sobresexualizada.
- Los noviazgos cortos o largos con los no creyentes son peligrosos.
- Si bien es posible para el cristiano experimentar la atracción al mismo sexo, y Dios perdona a quienes cometen actos homosexuales, practicar la homosexualidad está en contra del diseño de Dios.

Consejo: Recuerda las preguntas que se hicieron desde el principio y cualquier tema que fue importante o difícil para el grupo. Intenta enfocar la mayoría del tiempo en esas áreas.

PREGUNTAS DIFÍCILES

Esta sesión provee respuestas a algunas de las preguntas más difíciles que los jóvenes hayan tenido a través de este estudio, y otras más. Pasa un tiempo examinando cada pregunta.

Consejo: Es completamente posible que tu grupo haga preguntas que no aparecen en esta sesión. Si no te sientes equipado para responder a una pregunta particular, está bien. Sé honesto con el grupo, y diles cuando no sepas. Sin embargo, intenta dirigir a estas personas a adultos de confianza que los ayuden.

 Reproduce el último video de la sesión 9.

ORA

- Cierra orando para que tu grupo recuerde lo que ha aprendido sobre la ética sexual de Dios durante las últimas 9 semanas.
- Al terminar su tiempo juntos, recuerda las últimas tres preguntas de esta sesión. No tengas miedo de compartir tus propias respuestas, ya que esto anima a los jóvenes a ser abiertos y vulnerables también.
- Dado que esta es la última semana que se reunirá su grupo, y han estado tratando con algunos temas difíciles, consideren reunirte en un lugar nuevo donde puedan hacer algo divertido o relajante después de completar esta sesión grupal. Tal vez incluso consideren un retiro de todo el día, comenzando con el estudio y el desayuno por la mañana, luego yendo de excursión, a un parque de diversiones o asistiendo a un concierto (o trayendo un invitado especial de música) más tarde ese día.

FUENTES

SESIÓN 3

1. Nancy R. Pearcey, *Love Thy Body* (Grand Rapids, MI: Baker, 2018), 35-37.

SESIÓN 4

1. Jeremy Pettit, "The Only Thing Humans Create That Last Forever," *Jeremy Pettit on Communication* (February 10, 2019).
2. C.S. Lewis, *The Weight of Glory* (HarperOne, 2001), 45-46.

SESIÓN 5

1. "Ask Roo: The Sexual Health Chatbot from Planned Parenthood," Planned Parenthood, from https://www.plannedparenthood.org/learn/roo-sexual-health-chatbot (accessed August 12, 2020).
2. Ibid., (accessed October, 2019).
3. "Roo: Your Sexual Health Bot." from https://roo.plannedparenthood.org/chat (accessed August 12, 2020).
4. "Adolescents and Young Adults," *CDC*, December 7, 2017, https://www.cdc.gov/std/life-stages-populations/adolescents-youngadults.htm.
5. Kenneth A. Mathews (2012). *New American Commentary,* Vol 01A: Genesis 1-11:26 (B&H Publishing Group).
6. Greg Smalley, "Does 'Yada, Yada, Yada' in your Marriage Mean It's 'Blah, Blah, Blah'?", *Focus on the Family*, (March 29,2017).

SESIÓN 6

1. Scott Haltzman, "The Effect of Gender-Based Parental Influences on Raising Children," in *Gender and Parenthood: Biological and Scientific Perspectives*, ed. W. Bradford Wilcox & Kathleen Kovner Kline (New York: Columbia University Press, 2013), 318.
2. "Ezer" from *Blue Letter Bible*, https://www.blueletterbible.org/lang/lexicon/lexicon.cfm?strongs=H5826 (accessed July 20,2020).
3. "Dabaq" from *Blue Letter Bible*, https://www.blueletterbible.org/lang/lexicon/lexicon.cfm?strongs=H1692 (accessed July 20, 2020).
4. *CSB Study Bible* (B&H Publishing Group, 2020).

SESIÓN 7

1. I am deeply indebted to Preston Sprinkle for this section. See Preston Sprinkle, "Pastoral Paper: A Biblical Conversation about Transgender Identities," www.centerforfaith.com.
2. Russell B. Toomey, Amy K. Syvertsen, and Maura Shramko, "Transgender Adolescent Suicide Behavior," Official Journal of the American Academy of Pediatrics (October 2018).
3. Suicide Statistics from American Association of Suicide Prevention, https://afsp.org/suicide-statistics/ (accessed July 20, 2020).
4. "Understanding Anxiety and Depression for LGBTQ People," Anxiety and Depression Association of America, https://adaa.org/learn-from-us/from-the-experts/blog-posts/consumer/understanding-anxiety-and-depression-lgbtq (accessed July 20, 2020).

5. Mark Yarhouse & Olya Zaporozhets, *Costly Obedience: What We Can Learn from the Celibate Gay Christian Community* (Grand Rapids, MI: Zondervan, 2019), 29-31.
6. M. N. Barringer and David A. Gay, "Happily Religious: The Surprising Sources of Happiness Among Lesbian, Gay, Bisexual, and Transgender Adults," Sociological Inquiry 87, no. 1 (2016): 75-96, https://doi.org/10.1111/soin.12154.
7. Again, my thanks to Preston Sprinkle for this observation.
8. Leonard Sax, *Why Gender Matters: What Parents and Teachers need to Know About the Emerging Science of Sex Differences* (New York, NY: Harmony Books, 2017), 8.

SESIÓN 8

1. "The Porn Phenomenon: The Explosive Growth of Pornography and How It's Impacting Your Church, Life, and Ministry," (Ventura, CA: The Barna Group, 2016).
2. Dr. Caroline Leaf, *Switch on Your Brain: The Key to Peak Happiness, Thinking, and Health* (Grand Rapids, MI: Baker Books, 2013).
3. Eric W. Owens, Richard J. Behun, Jill C. Manning, Rory C. Reid, "The Impact of Pornography on Adolescents: A Review of the Research," in Sexual Addiction & Compulsivity Vol. 19 (2012), 99-122.
4. "The Porn Epidemic," Josh McDowell Ministry: josh.org/resources/apologetics/research/#pornportfolio.
5. Fight the New Drug, "5 Male Ex-Performers Share What It's Really Like To Do Porn" (September 3, 2019): https://fightthenewdrug.org/3-male-porn-stars-share-their-most-disturbing-experiences-doing-porn/.
6. John D. Foubert, *How Pornography Harms* (Bloomington, IN: LifeRich Publishing, 2017), 63-64.
7. See Allison Baxter, "How Pornography Harms Children: The Advocates Role," The American Bar Association (May 1, 2014): https://www.americanbar.org/groups/public_interest/child_law/resources/child_law_practiceonline/child_law_practice/vol-33/may-2014/how-pornography-harms-children--the-advocate-s-role/.
8. *The Porn Phenomenon: The Impact of Pornography in the Digital Age* (Ventura, CA: Barna Group, 2016), 95.
9. Kathryn Scott-Young, "Sexual Abuse," in *The Popular Encyclopedia of Christian Counseling*, ed. Dr. Tim Clinton and Dr. Ron Hawkins (Eugene, OR: Harvest House, 2011), 303.
10. Dan B. Allender, *Healing the Wounded Heart* (Grand Rapids, MI: Baker, 2016), 61.
11. While there are some wonderful ministries that can help, I personally recommend Covenant Eyes: www.covenanteyes.com.
12. Jonalyn Fincher, "Defending Femininity: Why Jesus is Good News for Women," in Apologetics for a New Generation, ed., Sean McDowell (Eugene, OR: Harvest House, 2009), 222-229.
13. DeMuth, We Too, 46. https://www.amazon.com/We-Too-Church-Respond-Redemptively/dp/0736979182.
14. "Surviving Sexual Abuse and Exploitation (with Lisa Michelle)," an episode of the Think Biblically Podcast, co-hosted by Sean McDowell and Scott Rae: https://www.biola.edu/blogs/think-biblically/2019/surviving-sexual-abuse-and-exploitation (January 10, 2019).

GUÍA PARA EL LÍDER

1. "Mandatory Reporters of Child Abuse and Neglect," Child Welfare Information Gateway, accessed August 21, 2020, https://www.childwelfare.gov/pubPDFs/manda.pdf.

EL COMPROMISO DEL AMOR EN VERDAD

Para cuando hayas llegado a esta página, ya habrás estudiado las nueve sesiones de *Amor en verdad*. Es mi esperanza y oración que a este punto, las palabras en esta hoja de compromiso sean una reflexión precisa de dónde está tu corazón ahora mismo en cuanto a tu compromiso con Cristo en la búsqueda de la pureza.

COMPROMISO: ESPERAR EL AMOR EN VERDAD

A la luz de lo que Dios es, lo que Cristo ha hecho por mí, y quién yo soy en Él, desde este día en adelante me entrego a Él en la búsqueda de la santidad personal de por vida. Por Su gracia, continuaré presentándome a Él como sacrificio vivo, santo y agradable a Dios.

____

FIRMA

____

FECHA